クリアリング大全

太陽編

SUN

あたらしい世界を創造する
浄化法

元友海歌
GENYU MIKA

Clover
クローバー出版

＊プロローグ＊

　太陽のエネルギーをちりばめた、勇気や元気を与える応援の浄化。

　あたらしい、世界を求めて踏み出そうとしている人へ……。

　浄化＝意識を在るべき心の軸に戻す。ひとりひとり軸は違う。ただ普遍的なことは世界中で共通している浄化の言葉「愛」の状態であること。

「色即是空」……目に見えるものは、
目に見えないエネルギーによって移ろう。

「あなた」こそ、愛の原点です。

あなたは本来、
美しく純粋な「たましい」を授かっています……。
精いっぱいの愛に満ちた、
あたらしいあなたとのご縁に感謝します。

この本は、あなたの作品です。

ときを超えて、あなたに生き続けるものです。
あなたの感情や思考で色付けしていくものです。
あなたのたましいが、吹き込まれることで完成する本です。

だから、ひとりひとり、
全く違うものとなり、
同じものは二度とないでしょう。

　あなたが、この本の「いのちの芽」を、あなたなりに育て、愛し、慈しみ、やがては美しい花を咲かせていってください。

　この本を手に取られたあなたは、きっと、自分自身を変化させたかったり、人間関係の問題を解決したかったり、仕事や生活での過剰でアンバランスな部分を調整したかったり、現実的な世界の「葛藤」をクリアにさせたいという思いが心に潜んでいることでしょう。

　忙しい日々のなかで、人々は必要以上に頑張りすぎ、力み、期待に応えるために必死に生きている状態になっています。
　でも、本来はもっとしなやかに自然に、自分の才能を発揮できる世界で生きたいと願っているはずです。
　ここでは、そんな日々の「葛藤」をひとつずつ整えていき、本来の「美しく、純粋なたましい」である状態のあなたに浄化させていきます。「浄化」された自分になれば、イメージ力が強化し、あなたのビジョンが明確になり、独創的なアイディア、イマジネーションに溢れ、最高の人生を過ごすことができます。

　日常生活を整えることから、体、人間関係、仕事や経済まで、

現実的な土台を見直し、整えていくヒントがここにあります。なかには、すでにあなたが「知っていた」ヒントもあるかと思います。ただ、繰り返されるメッセージはそれだけあなたにとって大切なことだと思うのです。そして、言い方を変えて同じメッセージを繰り返してもいます。それだけ、潜在意識に送り込みたいのです。そこについては、より、注意深く感じとってみてください。

　ここに書かれた言葉は、ただ単純に「言葉」というだけの世界だけではなくて、もっと音楽や絵画のように豊かな色彩に恵まれている、自由であたらしい世界の言葉たちです。

　さまざまな音があり、色があり、景色があります。読み進めていくうちに、さまざまな手ざわり、においも感じとることができます。

　時折、あなたのなかに秘めていた感情がふっと、わき起こることもあろうかと思います。

　その時は、ただ、ただ、その感情を受け入れ、飽きるほど、その感情のなかにい続けてください。自然に、ただそんなあなたを体感し続けてください。

　その時この本が、あなたのなかの秘められた世界につながっている糸のような存在になるでしょう。その糸を必死でたぐり寄せるのではなく、やさしく包みながら、少しずつ歩み寄り、あなた自身を秘めた世界へと導いていってください。

　そこにたどり着いたとき、きっとそれは、「浄化」という体験になるんだと思います。

この本は、2冊あるクリアリング大全の中の「太陽編」です。
　太陽のように明るく、前向きであたらしい生き方を求めている人へ贈る言葉です。

　頭で考えた言葉ではなく、向こうのほうから自然に降りてきた言葉を綴っています。
　だから時折不思議だったり、変拍子のようなリズムだったりするかもしれません。
　けれど、それはそれを含めて、自然なことなのかなとも思います。
　不思議なことや、ズレていることのほうが人の心のすき間にそおっと入りこんでくれるからです。それは、頭をカチカチにして考えぬいた、正しいことよりとてもなめらかに自然に。

　不思議なのに、しっくりくる、
　今のあなたのチャンネルにあう、
　言葉がみつかれば幸いです。

　そして、言葉を感じるたびに、ページをめくるたびに、あなたが浄化されて、生まれたばかりの「愛の状態」に戻っていくことを願っています。
　そう、生まれたてのあなたは、「愛」しかないほどの純度だったのです！

　いつだって、軸がぶれそうになったら、この本を通して、い

つでもあなたの秘密の場所に戻ってきてください。そのために
は、朝起きた直後や、仕事や家事の空き時間、寝る前のわずか
な時間を使って、浄化のアファメーションを唱えてみてくださ
い。繰り返し唱えることによって、あなたの人生は素晴らしい
ものに変化していきます！

　決して疑わず、心から、愛して、信じて、この魔法を使って
みてください。

　さあ！あなたのこの一秒、一秒、すべての時間が変化のチャ
ンスです！

　あなたの意識、そして行動は、今この瞬間から変えることが
できます。

　だから、今、はじめましょう！

　どんな些細なことでも、一歩、踏み出してください。

　瞬間を抱きしめるように、丁寧に、確実に、躊躇すること
なく、しあわせや喜び、愛の人生を選んでください。

　勇気を持って、浄化の旅に向かいましょう！

Chapter 3 ———————————————— 94
| 人間関係の浄化 |
最高の人間関係を築きたい人へ

目次

Chapter1

日々の浄化

意志力と心の軸を
鍛えたい人へ

変哲のない日々の生活こそ、丁寧に紡ぐ

あなたに流れている、今この時間。

何の変哲もない、日常。

当たり前に繰り返される日々の連続。

そう、この何気なく流れていく「日常」こそ、あなたの人生の土台であり、現在のあなたの姿につながっているものです。

あなたの体温を調節してくれている服、あなたの体を作ってくれている食、あなたを雨風から守ってくれる家という「衣食住」の土台があってこそ、あなたは安心して生きていくことができるのです。

あたらしい自分に変わっていくためには、まず土台となる生活の基本から浄化していきましょう。

繰り返されていく「日常」というもののかけがえのない大切さに気付くことで、意識が変わり、軸を見直し意志力が鍛えられ、あなたにとって大事なもの、心地いいものが分かり、そして、喜びに満ちた生活が安定して続いていきます。

日常生活をしながらできる浄化で、生活習慣が乱れていたとしても、少しずつ軸を取り戻し、生活の中で内側から変わっていくことができます。長期的に見ると、人生の軸も前向きに変わっていきます。

　高額なものを買う必要もありませんし、人の手を借りることもありません。長い時間と高いお金を投資して、海外のパワースポットに赴く必要もありませんし、あなたの軸をつくるために必要なものは、お金だけで手に入れるわけではありません。

あなたが毎日に感謝し、
意識を「愛の状態」に変え、
日々を丁寧に生きる心がけと
思いやりと意志を持ち、継続していけば、
少しずつ心が変わり、
現実を変えていくことができるのです。

　今一度、あなたを包み込んでくれている環境を、当たり前の日々という奇跡の連続を、感謝しながら浄化して土台からゆっくりと毎日を清々しく変えていきましょう。

　日々の生活を愛情もって丁寧に整えることが「今」を浄化していくことにつながるのです。「今」を浄化していくことは「あなた」自身を浄化することにつながっています。

さあ、あなたのかけがえのない日々を、
丁寧に紡いでいきましょう！

体が喜ぶ
天然素材を
身につける

生への第一歩を担う「衣類」

　日々の浄化につながる第一歩として、あなたが赤ちゃんのころから、一生お世話になり続ける、衣類についてのお話です。
　言うまでもなく、衣類は「生」への第一歩を担う、重要な役割をしています。

　衣服や毛布は、あなたが生まれた瞬間から、生まれたての繊細な体温を守ってくれ、命を守ってきてくれました。

　人間はみな、柔らかい、あたたかなおくるみに包まれて、人生がはじまってきたのです。

あなたのクローゼットの中の下着、服、それからタオルや寝具の素材はいかがですか？デザインや価格だけで判断して購入している場合は、化学繊維が多いはずです。

　衣類には、大きく分けて、天然繊維と化学繊維があります。

　現在は、値段も手ごろで多岐にわたるデザインがあることから、化学繊維の流通が圧倒的です。しかし、化学繊維は作る過程で化学物質が使用され、石油が原料になるため静電気が発生しやすく、体の不調につながりやすいのです。

　特に、直接肌に触れる下着は、影響が大きくなります。頭痛、肩こり、皮膚炎、冷え性……体だけでなく、心にも作用し、自律神経が乱れやすくなります。

　逆に綿や絹、麻などの自然素材の天然繊維は通気性が良いため、体温調節もしっかりでき、肌が呼吸しやすく体にも心にもやさしい素材です。

長期的に体や心を浄化し、健康でいるためには、直接肌に触れる素材から変えていくことが大事です。衣服を自分の皮膚の延長と思うことです。

　そして皮膚の延長と思えるほど心地いい天然繊維のものを選び、纏うようにすると、細胞が違和感を感じることなく安心して、体を浄化することができます。

　ひとつの商品でも、表面的に見て簡単に利用する前に、まずあらゆる角度から吟味して、確かめることが大事です。完成品をそのまま完成品として飲み込む、のではなく、ルーツをたどってみるのです。

　何も考えずに商品を使うのではなく、この服はどんな素材で構成され、どんな工程でつくられたものなのか？どんな人の思いが入っているのか？表面的に見るのではなく、裏側や側面まで深く見る。掘り下げる。

「見えないものを見る、感じる、心をくみとる」ということはこういうことです。

　これは服だけでなく食や人間関係など多岐にわたり応用できます。目の前に出された料理は何でできているか？食材だけでなく、調味料、原産地、作った人の感情まで掘り下げる。すると、多面的に料理というものを深く、知ることができます。その方が味わい深くなり、より「知る」「感じる」ことができるのです。人間関係では、ただその人の「今」を鵜呑みにするので

はなく、裏側のルーツを知る。どのような経験が、その人を変えていき今の人間性を作ったか、どんな感情が言葉に隠されているのか。

物ひとつでも、人ひとりでも、深く知るということは非常に重たい経験なのです。

　このような考え方を日常に応用していけば、出されたもの、あるものを鵜呑みにするのではなく、一度自分の目でしっかり吟味して、想像して、自分にとって調和できるものかとしっかりと確認することができます。すると、自分にとって必要なものかどうかの見極めができ、買い物や人間関係でも失敗が少なくなります。

結果、人生においても自分に必要なことかどうかの見極めができるため、迷いがなく円滑になります。

　人生において迷いが多い人は、物事を表面的にしかとらえられない傾向があり、自分自身の独創的な眼力が弱っています。人の意見や情報に左右されやすく、目的に一貫性がありません。

ひとつのものをいろんな角度から掘り下げイメージし、考え感じることは、自分の眼力を鍛えるレッスンになり、やがては人生で必要なものを見極める力になっていくのです。

衣服には、作られた人の思いが宿ります。今や安い布、安い服はどこにいても手に入ります。しかし、心を込めて丁寧に編まれた布は見ているだけでエネルギーが湧き、心も和みます。手作りのもの特有の躍動感、生命のきらめき、美しさを感じることができます。

布を織るということは、非常に手間も時間もかかります。だからこそ、出来上がり、身に纏うときの喜びが大きいのです。

「衣服」も色々なエネルギーを吸収しています。織る人の思い、そして着る人の思い。

それを着たときの出来事、感情など、思い出が染みついているのです。なるべく、身につけてしあわせな気分になるようなものを選びましょう。

自分の体を守ってくれる衣服が体の浄化につながることを感じ、肌に触れるものを今一度見直してみると、健康状態、そして精神状態も変わってくるかもしれません。

＊ちいさなひみつの種＊

体にやさしい素材は、天然繊維のもの（加工していないオーガ
ニックコットン）、手作りのもの、心の込もったもの、手間暇か
けて織られたもの、柔らかいもの、動きやすいもの、肌が呼吸し
やすいものがおすすめです。全部を変えられなくても、下着と寝
具だけでも変えると、不調の改善になります！

....

日々の浄化への鍵！

肌着や寝具は天然素材のものに変えてみましょう。

浄化効果 up!! アファメーション

いつも、いのちを守ってくれる衣類に感謝します。天然素材を身
につけることによって、みずみずしい健康な体に生まれ変わりま
す。

愛を込めて手料理を作る

いのちの基本となる手料理は愛情の泉

　わたしたちの生を支えている、食についてのお話です。

　食はいのちを作ります。食を整えることは、いのちを整えることです。ただ、満腹感を満たすためのものでなく、ただ栄養をとればいいだけのものでもなく、

愛情ある料理を頂くことで、
心身ともにエネルギーが湧き、
心という「いのち」が作られるのです。

忙しい現代では、簡単な時短料理でパパッと済ませたり、電子レンジだけで調理したりと、「手を抜く」ことが時間の短縮につながり、楽で便利という点から取り入れやすくなっています。

　しかし、「手」を抜くことは、「エネルギー」を抜くことです。「心」を抜く、すなわち、「愛」を抜くことになってしまうのです。

　毎日、忙しい忙しいといって、愛のない手抜き料理ばかりを食べ続けていると、精神的に満たされず、いつまでたっても空腹感を感じてしまいます。

それは、体の空腹感ではなく、心の空腹感なのです。

　心から満足したければ、愛ある手料理を作ることが大事です。

　愛情込めて作られた手料理からは、作った人のエネルギー＝愛がダイレクトに入っています。
　そのエネルギーが体中に浸透し、前向きな活力となって、人を癒し、元気にさせるのです。

　ですから、疲れた心を癒したければ、まず愛情の込もった手料理を食べることをお勧めします。手抜きせず、自分自身で、

自分の為に愛情込めたものを作ればよいのです。

衣服のときと同様、食物の素材から吟味し、ルーツをたどっていくことも大事です。

生産者の顔が見える野菜や肉、魚を選び、産地やその場所の気候なども配慮して、直接触って確認します。出来合いの総菜などを選ばずに、すべて手作りする。味噌汁も出汁からとる、米も炊飯器ではなく、土釜で炊くなど、味わい深さが出る方法を選びます。

そして自分で野菜を育てることも、より食物に感謝でき、おいしく頂くことができます。はじめて芽が出たときの感動、そして、収穫したときの感動は、ひとしおです！

なにより、収穫してすぐの新鮮な状態のものを頂くことができるのです。

簡単に手に入るものではなく、手間暇かけて、愛情かけて作るからこそ、感動があり、喜びがあるのです。そうして身についた気持ちが精神力を強くし、揺るがない心を作っていくのです。

料理は、その人の気分にも影響されます。

料理をする人が精神的不調を抱えていたり、嫌々料理を作っていると、作る料理にも、そのエネルギーが入ってしまいます。怒りを抱えた状態で作る料理には「怒り」のエネルギーが入っ

てしまいます。

　すると、食事をした後も、怒りから解放されず、ずっとその感情をひきずってしまいます。家族にもその「怒り」のエネルギーを与えることになります。

そうならないためにも、
何事も行動の動機は純粋で
「喜び」から入ることが肝心です。

　掃除でも、料理でも、なんでも、動機が純粋で喜びに満ちていれば、トラブルは起こりません。

「喜び」の動機で入るためには、
怒り、悲しみ、苦しみ、憎しみという
あらゆるネガティブな感情を
料理の前にいったんクリアにすることが
何より大事です。

（クリアにするためには、182ページの料理の瞑想が効果的です）

自分の感情に日頃から気付いていることも大事です。

嫌々作る、のと、喜んで作るのでは、出来上がった料理の味も変わります。

料理を取り巻くエネルギーも違います。

料理というものが生む喜びや愛を感じてみると、体の浄化、心の浄化、そして人間関係の浄化にもつながっていきます。

＊ちいさなひみつの種＊

食べ物からエネルギーを頂くなら、太陽の恵みを受けて育ったもの、出来立てのもの、手作りのもの、心の込もったもの、手間暇かけて育てた作物、発酵食品、旬のもの、根っこの部分、自然のもの、住んでいる地域で作られたものがおすすめです。
料理を作るときは、愛ある状態で。愛は、どんな栄養よりも素晴らしい奇跡を生み出します。愛を込めた手料理は、本当の健康を育んでいくのです。

· ·

日々の浄化への鍵！

愛としあわせを願って、喜んで手料理を作りましょう。

浄化効果 up!! アファメーション

料理をするときは、喜びの気持ちで愛情込めて作ります。
わたしの愛のエネルギーが、食物にもそそがれ料理に愛が宿ります。

体の声を聴きながら食事する

体にも、心にも、おい○○○○べる

食事は毎日の生活で欠かせないものです。

いのちを頂くことで、
エネルギーになり、私たちは生命を
維持することができます。

１日３食というのが基本といわれていますが、人によって、２食の人もいれば、１食の人もいます。夜食も食べて４食の人もいれば、ファスティングのため、食事を口にしない期間を設

けている人もいます。

　食生活というのは、本当に、人それぞれ個性があるものです。
　まず、ここでは、「正しい食生活」というものは、明記しません。なぜなら、ひとりひとりの生活習慣や体質などによって、その人に自然な食生活というものは違うからです。

　１日３食が基本といわれてはいますが、実際、３食だと多い人もいますし、少ない人もいます。こういった、「基本的」という縛りに振り回されず、**まずは自分自身の体の声をきちんと聴いて、体にふさわしい「自然な」食生活を維持していくことが大切だと思います。**

　例えば、前日の夜つい食べ過ぎてしまい、朝起きても体が重かったり、消化器官が弱っているのに、無理にでも朝ごはんを食べたり、体がエネルギーを欲しがっているのに、ダイエット中だからと無理に節制したり、**人はつい、体の本当の声を無視して、頭で食べなくちゃ、とか、食べてはいけない、と自分自身を縛っています。**

　その思い込みを一旦手放して、クリアになってから頂く習慣をつけましょう。

　頂くときは、**本当に空腹感があるか、体の声を聴いてから、自分が欲しているものを体に沿ってとりましょう。**

　体の声に耳を澄ませる習慣ができれば、おのずと今この食べ物が必要だということがわかります。

　そして自然に健康になっていきます。

　そして、がつがつと焦ることなく、ゆっくりといい姿勢で頂き、五感でしっかり味わい趣のある食べ方をします。満腹になる手前で食べ終わることも美しい作法です。

笑顔で、いい気分で、喜んで、
家族、食物に感謝しながら作り、
頂くのです！

　料理を頂くときには、ただ栄養をとっているのではなく、作る人の愛情までエネルギーとして受け取っているのです。

　おいしい、おいしい、と食べ物に愛を伝えながら頂くことが、感謝の表れになりますね。

　ただ出来たものを淡々と食べているのではなく、食品自体のエネルギー、生産者や調理をした人の「感情」まで食べているという意識のもと、頂くことが大事です。

自分で自分の食べたいものを頂く、
という行為は、生き物に感謝して、
心を満足させる神聖な行為です。

（食べ方を整えるためには、186 ページの食事の瞑想が効果的です）

日々の浄化への鍵！

食事を頂く前に、本当に体に必要か確認しましょう！

浄化効果 up!! アファメーション

わたしにとって自然で必要な分だけの食事を頂きます。
いのちある食を通じてエネルギーが宿り、わたしに健康をもたらします。

脳を鍛えるように噛む

よく噛めば体も心も浄化できる

　あなたは、１回の食事はどのぐらいの時間をかけています
か？

　ひと口でどれだけの回数噛んでいるか、数えていませんか？

　ちいさいとき、学校でも、親からも、よく噛んで食べなさい、
と教育された覚えがありますが、やはり、柔らかいものが多い
現代では噛む回数というのは、少ないと思います。

（人によってはほとんど噛まずに、のみ込みながら食べること
もあるぐらいです！）

　遡ること、弥生時代は固い食べ物が多く、１回の食事で約

4000回も噛んでいたそうです。

　時代とともに、噛む回数は減り、現代では約600回ほどに減ってしまっているそうです。

　弥生時代は、それだけ1回の食事に時間をかけていたことになりますが、時代が進むにつれ、食事の時間が短縮化され、食べ物も、たくさんの咀嚼を必要としない柔らかいものに変わってきています。その結果、消化吸収力が弱まり、肥満傾向になり、脳も鍛えられず、認知症や体の不調を引き起こす原因になってしまっています。

　よく噛んで食べる大事さを、頭ではわかっているつもりですが、実際食事に時間をかけにくい現代では、仕事しながら、忙しい時間の合間に慌てて食べることも多かったり、たくさん噛む必要のない食品が多かったりで、実際のところ、よく噛んで食べる習慣が生まれにくくなっています。

味というものは、噛めば噛むほど深みが増し、まるで、映画のシーンのように移り変わるのです。

　今まで、一度ごはんを口に運ぶ際10回しか噛まなかったとしたら、20回に増やしてください。慣れてきたら、30回ほどゆっくり噛んで、噛みしめるように味わうのです！

噛めば噛むほど味の奥行きを感じ、脳が活性化し、満腹感も生まれて心身ともに健康的になります。よく噛むことで消化力が良くなれば、浄化力につながります。

消化は浄化なのです。

食事制限やサプリなどでダイエットをするより、バランスの良い自然な食べ物をよく噛んで食べるほうが、健康的な体型を維持できます。噛むだけならお金も要りません。

精神的に不満を感じた場合も、よく噛んでゆっくり食べる習慣を身につければ、内側からエネルギーが湧き、改善に向かうはずです。

よく噛むことを習慣化させるには、ひと口食べ物を口に含むたびに、咀嚼回数を自分で数えながら食べるのがいいでしょう。それが習慣化すれば、自然に急いで慌てて食事することなく、ゆっくりと感謝しながら頂くことができます。精神的にも落ち着きやゆとりが生まれるきっかけとなります。

（正しい姿勢で食べることも大事です！）

十分に咀嚼する、噛みしめるという行為は、食べるときだけではなく、物事を、時間をかけて繰り返し丁寧に味わう行為全般の意味にも使われます。物事を噛み砕いて、しっかり深く理解する。

例えば、同じ本を読むにしても、さらっと表面だけを追い、手早く読んでいくのと、一字一字をしっかり感じながら、心にしっかり落とし込みながら読むのでは、理解という消化力が違います。自分にとって大事な学びの経験やあらゆる感情もそうです。

いかに、経験や知識を自分のものにできるかは、どれだけ噛みしめられるかにかかっています。

しっかり噛むことのすばらしさは、体だけではなく、心の消化力も強化していくことができる点にあるのです。

噛みしめることを習慣化させていくには、時間をかけることを大事にすることです。

なんでも、急ぎ足で駆け抜ける時代ですが、大切なものは、急いで手に入れるものではありません。

表面的に得られるものはあっても、奥行きがないため、いつまでたっても心の満足度にはつながらないことが多いのです。

そうならないためにも大事なのは、

時間をかけて味わう、感情を大事にする、

感情に気付く、感情に浸る、

一度にたくさんのことを詰め込まない、

ひとりの時間を持ち、

自分自身と対話することです。

　食事にしろ、なんにしろ、ひとつひとつの味を深く噛みしめながら、丁寧に吸収すれば、心の満足度が高まり、あたらしいエネルギーや活力が湧き、推進力ある人生につながっていくでしょう。

＊ちいさなひみつの種＊

よく噛んで食べるためには、白米に雑穀米や玄米を混ぜたり、歯ごたえのある食感にする工夫が大事です。より、栄養価も高くなり健康になるので一石二鳥です。しかし、歯が折れるほどの硬いものは控えましょう。体が違和感を感じないものが自然な食事です。

· ·

日々の浄化への鍵！

ひと口で最低 30 回は噛んで食べましょう。

浄化効果 up!! アファメーション

食事を頂くとき、知恵を授かったときは、感謝しながらよく噛んで味わいます。わたしの脳が鍛えられ、心が満足し、活力がみなぎることに感謝します。

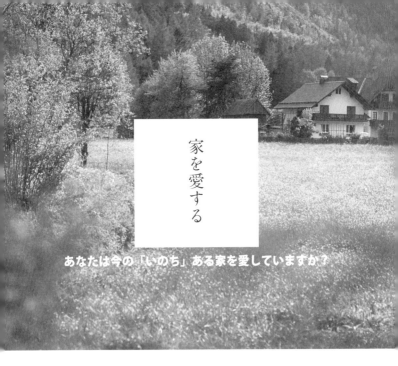

家を愛する

あなたは今の「いのち」ある家を愛していますか？

「衣食」を浄化したあとは、わたしたちが生きる上で欠かせない「住」。「家」のことを感じてみましょう。

　あなたの家は、今しあわせですか？
　あたたかなひかりが入ってきますか？
　穏やかで清々しい良い風が入ってきますか？
　家族全体をあたたかく、包み込んでくれていますか？

　あなたは帰ってくる「家」があることでまず、豊かさを受け取っています。

40

まずは「家」という存在の重みに気付き、感謝しましょう。

家を愛すること、これが基本です。体の不調は家を整えることで快方に向かいます。

家庭のトラブルも、家を整えることで、円満に向かいます。

家を浄化すると心も浄化されるのです。

「家」も「いのち」が宿る生き物です。あなたや家族のエネルギーが流れています。

窓を開けば眩しい太陽がひかりを与えてくれ、季節ごとの彩りをまとった風が流れ、いいにおいを運び、鳥のさえずり、虫の音、木の葉のささやき、人々の話し声が聞こえます。

家は内にあるエネルギーだけでなく、外にある自然のエネルギーも吸収して、日々、生きているのです。

家もまた、人間と同じように、五感を研ぎ澄ませて呼吸しながら生きています。

「いのち」ある生き物を大事に育てるように、家を大切に扱いましょう。

寂しいとき、疲れたとき、酷く落ち込んでしまったときも、家はあなたを守ります。

　暑さ、寒さ、台風、雨などの自然の猛威からもあなたを守ります。

　いつもあなたを陰ながら支え、守ってくれる「家」に感謝して、大切にしてあげましょう。家を愛するためには、愛せる家作りをしていきましょう。

　愛せる家作りのためには、当たり前ですが、毎日の掃除と整理整頓、美しく住むための習慣が大事です。

　すぐに人生を好転させたいからといって、欲深くなり上ばかり見るのではなく、目線を落として今ある土台を丁寧に整え、足元から変えていけば、しっかりと気持ちは浄化され、美しい流れが体中に行き渡り、あなたや家族を生き生きとしてくれるでしょう。

　そしてあなた自身の家に対する「気持ち」が変わることがまず大事です。

　家が整い、居心地がよくなることは、自分の心も自然と整い、家族との調和も生まれます。美しく整頓され愛された家に守られると、イライラした心が穏やかになり、喧嘩が減り、人間関係の悩みも減っていきます。愛せる家で生きることは、土台が満たされ、今に満足できることで心にゆとりができ、心身の浄化にもつながっていくでしょう。

　そして家もまたあなたを愛してくれ、守ってくれるのです。

愛からはじまったおこないは、
愛をより強く、深くしてあなたや周りを
やさしく癒していきます

＊ちいさなひみつの種＊

住まいからエネルギーを頂くなら、太陽のひかりが届く家、風通しの素敵な家、清潔に保たれた家、植物が生き生きしている家、騒音のない家、あたたかい会話が聞こえてくる家がいいでしょう。家を浄化するために掃除はもちろん、アロマオイルやホワイトセージの煙を使うのも、おすすめです。

日々の浄化への鍵！

家に感謝しましょう。
（家のなかで、家に聞こえるようアファメーションを唱えます）

浄化効果 up!! アファメーション

いつもわたしと家族を守ってくれてありがとう。
わたしや家族に安らぎと豊かさを届けてくれていることに感謝しています。

「頭」より、「心」で掃除する

愛情の種を蒔き、花を咲かせる

丁寧に感謝しながら愛情込めてする作業というのは、なんでも人をしあわせにする「ちから」があります。

　人が嫌がるような作業でも、面倒くさい作業でも、愛情をかけることで、幸福感を感じられるようになります。

　例えば、同じ掃除でも、心の在り方ひとつで、大きく行動と

いうものは変わります。

　掃除するときは、気持ちが大事です。嫌々掃除せず、感謝しながら喜んで、愛情をかけて掃除するのです。

「頭」で掃除せず、「心」で掃除することなのです。

　この「頭」より「心」で、という精神は、掃除だけにあらず、人間関係にも、恋愛にも、仕事にも、人生においても大事ではないでしょうか？頭ではなく心で人と付き合っているか？心が仕事しているのか？もう一度自分を見つめたいところですね。本当は嫌だけどやらなければならないから、面倒だけど自分しかする人がいないから、という風に頭で考えながらやるのではなく、この家を大事にしていきたいから、家に感謝の気持ちがあるから、という風に心でやることです。

**　動機が違うと、結果もまた変わってくるのです。**
**　蒔いた種が違えば、咲く花も違うということです。**
**　嫌々やれば、嫌なエネルギーが生まれ、喜んでやれば、良いエネルギーで満たされます。**

　嫌々やるような動機、だれもやらないから仕方なくというような自己犠牲的な動機であれば、どこかで心の歪みが生じ、ストレスがたまっていきます。

**　喜びが動機であれば、おこないだけで満足でき、恨みもつら**

みもありません。

　心からの気持ちは必ず「家」にも伝わります。そしてまたあなたを大事に守ってくれるのです。

　そのためには、まず自分自身の心の在り方を変えていく必要があります。自分の土台となる家に感謝できる心があるということが大事です。

　しあわせを願うなら、まず心をこめて掃除をしましょう。

　床はいつも私たちの土台となって支えてくれます。
　壁はいつも私たちのプライベートを守ってくれます。
　窓は太陽のひかりや風という恩恵を家に運んでくれます。

　ピカピカに磨いて労り、感謝しましょう。床磨き、壁磨き、窓磨きは、いつもの視点とは違う部分の世界を提供してくれます。床を磨くことで、目線が下になり、壁、窓を磨くことで、目線は上、そして幅広い目線をもち、**あらたな視点で物事をとらえることができます。**

　視野が広がり、小さな思い込み、決めつけから脱却することができます。

　規則正しく体を動かして丁寧におこなえば、雑念も忘れて、

ひとつの「掃除」という作業に集中できます。五感を研ぎ澄ませて、掃除すると、気が付かなかった細部にまであたらしい発見があるでしょう。

**　その新鮮な感情を味わえば、決して毎日が同じことの繰り返しではなく、日々進化している「動き」の中に生かされていると実感できるでしょう。**

　体を動かすことで、あたらしい発見やアイディアが生まれることもあります。家をきれいにしながら、心もきれいに浄化する、素晴らしい相乗効果ではありませんか！

＊ちいさなひみつの種＊
毎日の掃除で大事な場所は、玄関とトイレ、お風呂です。毎朝、目覚めて朝日を浴びるときに玄関を掃除しましょう。トイレやお風呂などの水場はわたしたちの不要物を浄化してくれる重要な場所です。特に感謝の気持ちを込めて、毎日何度でも、何度でも念入りに磨きましょう。

･･

日々の浄化への鍵！
心を込めて、喜んで掃除しましょう。

浄化効果 up!! アファメーション
いつもわたしを守ってくれる家に感謝します。
掃除をはじめるときは、感謝の気持ちで、喜びを持ってします。
たましいを磨くように、家のすみずみまで磨いていきます。

心を変えて、
「気」を
美しく

わたしたちは、「気」に影響されている！

「気」が合う、「気」が乗らない、「気」が変わる、「気」がつく、「気」にしない、「気」がなくなる……。

　普段、わたしたちは何気なく、「気」という言葉を多用しています。
　でも、そもそも「気」って何なのでしょうね？
　言葉にしても、「元気」「勇気」「やる気」「無気」「健気」「弱気」「気迫」「気丈」……。本当に、「気」で表現される言葉は星の数ほど。

「気」というのは、それだけ大事で、昔から尊ばれた言葉だったのだと感じます。

「気」とは、目に見えません。きっと、だれもが、確実に目で見たことはないだろうと思います。しかし、目には見えませんが、心で感じることができるのが「気」なんだろうと思います。

　今までは日常生活の現実面を浄化してきましたが、この章の最後に、空間のなかにたたずむ「気」の浄化についてお伝えしようと思います。

　気は、だれもが感じられる不思議なものです。目には見えないのに、そこに漂っている大きな存在感を感じます。感じとるちからに優れた人は、色んな場所に漂う「気」に圧倒されて、影響されやすくなります。どれだけ目に見えるものを整えても、そこに流れる「気」が浄化されていないと、心が安心できません。

「気」とは、心であり、
愛のエネルギーだと思います。
良い気持ちのときは、愛があるのです。
悪い気持ちのときは、愛がないのです。

　表面的にすべてを整えたつもりでも、愛がなければ、殺伐とした「気」を発することになります。きれいでも、「気」が冷たい、世界です。

　愛をもって、心とともに整えていけば、あたたかい「気」が流れます。「頭」より「心」で。すると「気」があたたかくなるということです。

　気持ちを「愛」の状態にするには、気分や感情を変える必要があります。
　嫌いなものやネガティブなことを考えることをやめ、好きなものや理想、ポジティブな気持ちになることを考えるのです。そして、「好き」にかこまれている状態にしましょう。
　好きなものを持ち歩くのです。好きな写真、小説、音楽、絵、夢を書いたメモ、見たり聞いたりすると、ときめくものです。好きな髪形、好きな洋服、好きな靴、好きな香り、なんでもいいです、自分を常に「好き」で彩る工夫をしましょう。
　これは、今すぐできることです。
　あなたはいつだって、感情や気分を選択できるのです。これが、自分から変わるということです。

　感情が変化するにつれて、自然と、胸の奥があたたかくなるのを感じてください。
　体も、心も、ゆるんでじんわりしてきたら、「愛」の状態になってきたサインです！

人は、成長により、愛により、「気」を変えていくことができます。

あなたの日常の「気」を
変えていけるのは、
あなたの「心」にかかっています！

＊ちいさなひみつの種＊

わたしたちは、目に見えるものより、目に見えないものを敏感に感じるちからをもっと信じたほうが、多くのことに気付けるかも知れません。
「気」が多くのものを動かしているのですから……。

日々の浄化への鍵！

気持ちを「愛」ある状態にしておきましょう。

浄化効果 up!! アファメーション

どんなときでも、心を愛で満たした状態にします。
どんなに辛いことがあっても、愛のエネルギーに切り替えて、波動を変えます。

あたらしい世界への鍵

　日々を浄化すると、気持ちが変わっていく。
　しあわせなにおいの風が心に吹く。
　心地よい服、愛の食べ物を取り入れて、
　あなたの体を喜ばせてあげる。
　美しく磨き上げて、あなたの家を喜ばせてあげる。
　愛情で包み込んで、日常を、暖炉のようにあたためる。
　あなたはいつだって、守られている。
　あなたはいつだって、しあわせになれる！
　なれる、ではなく、もう、すでに、しあわせである！
　何も怖がらなくていい。何も悲しまなくていい。
　まず一歩、勇気を出して、変えてみて！

　あなたの日々が浄化されたものでありますように……。
　愛を込めて。

Chapter2

肉体の浄化

自分の体を
愛したい人へ

奏でるように、肉体を吟味する

あなたはあなたの肉体を
愛していますか？

　日々、元気に動いてくれるこの肉体を、いたわってあげていますか？

　あなたの体の声に耳を澄ましてあげていますか？
　あなたの肉体と心は、きちんとつながっていますか？
　肉体というのは、あなたの表面的な姿を示します。

持って生まれた「なまみ」の体は、
あなた自身として
一生付き合っていくものです。

　母親の胎内にいるときから、ずっと、今まで、あなたの肉体は成長し続け、吸収と消化、排泄を繰り返し、進化しています。

　ときには、成長過程であなたは自分自身の体を恥じたり、好きになれなかったこともあったでしょう。もっと痩せていたら、とか、もっと肌がきれいだったら、とか……。
　表面的な悩みというものは、真っ先に視覚に入ってきますし、人と比べやすいため、生きている以上尽きません。

しかし、この体を頂いた以上、あなたの体はあなたが守っていきます。

自身の体の声を聴き、整え、癒し、鍛えていくこと、自分自身の肉体と心が調和していることで、浄化された清らかな状態を保てます。

あなただけの、美しい肉体です。
せいいっぱい、まずあなたが真っ先に、
愛してあげてください。

自分の肉体をいたわり、自分の体の声に気付くことで体のなかの不要物を排除し、体中のエネルギーの流れを整え、常に浄化された状態にしていきましょう。

浄化された美しい肉体からは、みずみずしい音楽のような生命力を感じます。

肉体の浄化は、心の浄化につながります。心が不安定だったり、慢性的な悩みがある人は、自分の体の声に耳を澄ましてみましょう。

自分の心の声が分からなくなってしまったら、体の声を聴くことからはじめてみましょう。体の声に素直になれば、きっと、心が根底で欲していることも、おのずと顔を出してくると思います。

あなた自身の美しい肉体を、愛で、

いたわり、繊細な弦を奏でるように

あなただけの音色を

響かせていきましょう。

朝日に身をゆだねる

あなたは最近ゆっくりと朝日を拝みましたか？

日の出前から起きて、静かな時間を過ごし、太陽が昇る姿を眺めることができるのは、非常に神聖で清らかな瞬間です。

朝日は極上の浄化力を持ちます。

朝はだれもが忙しく、急かされる時間になりますが、5分でもいいので、少し気持ちに余裕を持って、朝日をゆっくり浴びてみてください。朝日を浴びながら深呼吸をすることを習慣づ

けることで、心身に朝日のエネルギーがみずみずしくチャージされるでしょう。

　昨日までのストレス、不安な気持ちも、朝日を浴びることで流してしまいます。そしてあたらしい波動を身に纏い、新鮮な気を全身に取り入れてあらたな1日に変えてみましょう。

　朝、太陽を浴びる、この5分がどんどんあなたの人生を円滑にしていくことになるでしょう。

　そのために、まずは5分、いつもより早起きするようにしてください。

人生を変えていくには、
たった5分の習慣からでいいのです！

　もちろん、時間に余裕のある方は、夜明け前に起きて日の出を拝む習慣を日常に取り入れてみてください。
　朝焼けを見ると幸福感が生まれ、感謝の気持ちで前向きに1日をスタートすることができます。

　仕事や育児などに追われる毎日で、心の余裕がなく、イライラしやすい人は、朝日の恵みが心に溶け込むことで、体中の力みが和らぐような感覚になるでしょう。

　体の力みを手放すと、心が自然と落ち着き、深い呼吸になり、ちいさな日々のはじまりの尊さに、心から感謝できるようになります。

　すると、日々のイライラも少しずつ減ってきて、穏やかになることで争いが減ります。

　感謝は、しようしようと思って、無理にするものではありません。意識せずとも、泉のように無限に湧き出て、全世界を包み込むような感情が「感謝」のエネルギーです。

　感謝しよう、感謝するべきだ、感謝しなければならない、というのは「頭」が先ですから、うまくいきません。
「しなければ、するべきだ」という凝り固まった思いが自分の心を縛り、窮屈になって、圧迫します。「せねばせねば」と力んでいると、入るはずのエネルギーも入ってきません。

　今ある価値観や考えで凝り固まっていますから、出るものも出ません。頭から入ると、凝り固まる上に、流れが違うので、どうしても、うまくいきません。

　力むのをやめ、頭で考えるのを、心で感じることに変え、ゆだね、信頼してみるのです。
　力むのをやめると、体が緩みますから、心にも余裕が生まれます。

心に余裕ができると、スムーズに気持ちが出ますから、その分、エネルギーも入りやすくなります。感謝する心は、日々の丁寧な営みで少しずつ、時間とともに育まれていくのです。

一歩一歩の積み重ねですから、
明日から、すぐに感謝すれば人生が
180度変わる、とはなりません。

一瞬、変わったような気がするだけで長期的に見ると、変わらないまま、同じことを繰り返しやって変わった気分になっているだけなのです。

だから根本的に成長がなく、同じように、目先の利益に飛びつき続けてしまうのです。

他力本願では、
しあわせの心は育ちません。
自分の足元を自分で整えることから、
芽は出るのです。

種をまいても、花が咲くまでにはプロセスがあり、土壌とひかり、風、水と栄養、しっかりとした愛情と時間が必要なのです。

　まずは１日５分からあなたの時間を有効に使い、少しずつで
も人生の素晴らしい芽を育てていきましょう。もちろん、その
５分は、穏やかで幸福感を感じる精神状態でいることが大事で
す。同じ５分でも、強いストレスや怒りで過ごしては、意味が
ありません。

**　浄化する心の準備を整えたうえで、朝日を拝みましょう。**

＊ちいさなひみつの種＊

朝の太陽のひかりは、あたらしいあなたへと浄化させ、しあわせ
な気持ちが宿ります。毎朝、体全体が浄化されていくようなイ
メージで朝日にゆだねましょう。起きたらカーテンを開け、ひか
りを部屋に届けます。シーツはきれいにたたんで。歯磨きのとき、
舌苔をとり、内臓を浄化するために白湯を飲んで１日をはじめる
と爽やかなスタートになります。

肉体の浄化への鍵！

朝日をしあわせな気持ちで５分間浴びてみましょう。

浄化効果 up!! アファメーション

わたしはこのように、いつも清らかなひかりで包まれています。
安心感に満たされ、疲れた体も、心も、浄化されていきます。

朝が訪れる奇跡を感じる浄化体験

最も神秘的な空気が凛とただよう時間は、日の出前です。

日の出の２時間から１時間前に起床して、静まり返った世界を体感します。

この時間は、最強の霊力エネルギーに包まれた時間です。

日中よりも冷え込む空気、風のつめたい温度、鳥すら鳴かない凛とした静寂。

まだほとんどのいのちが眠りから覚めない時間に、静かに太陽が昇るのを待ち、この時間を味わいながら呼吸する。

暗い闇は徐々に薄れ、淡いピンクのなめらかな彩りに変わっていく。

イマジネーションが豊かに生まれ、あたらしい感性が響き渡る……。

朝日が顔を出す前、だんだんと太陽が生まれる準備をする色にグラデーションされていく空。空気は澄んで軽く、風は圧倒的に爽やかで純粋で、あたらしい今日という、いのちが紡がれていることを体全体で感じることができます。

今日という日は完全で、もう二度とこない。そのなかに自分は流れている。自然のなかに、生かされている。この五感はこの瞬間でしか味わえない天からのギフトです。

鳥や動物、虫たちがじわじわと起きる準備をはじめるなかで、すべての生命のちいさな呼吸、それぞれの息づかいも繊細に感じ取ります。植物が風になびく音を聞き、植物と対話します。

まだ世界が眠りについている、静かで、清らかで、天からの音が聞こえるような不思議な時間。

この時間は、神聖な空気がみなぎり、霊力が高く宿るため、心身の浄化、瞑想にも最適です。

　白いもやのなかで、少し赤みがかった地平線から少しずつ顔を出す、燃えるような朝焼け。すべての時間のなかで、一番赤く、鮮烈で、鳥肌が立つ色を放ちます。

**　言葉のいらない瞬間がそこにはあります。**

　生まれたばかりの太陽は、マグマのように深く、赤く、炎のように揺らめき、まだ眠気に満ちた世界を静かに強烈に燃やします。
　この世のものとは思えない美しさで、この世界に顔を出すのです。その生命力が、わたしたちの世界を、心を、根元から浄化してくれるような熱い感覚です。

　ただ太陽が昇るのを見届けるだけで、いのちが洗われるような、神々しさを感じることができます。このとき、胸に太陽のひかりが入るようにすると、胸の奥があたたかくなって、幸福感が増します。

　大地に根を張り、天からの恵みを全身で受け取る大きな一本の木になったようなイメージで、静かに呼吸します。森羅万象と自分自身がとけこみ、完全につながっているように瞬間、瞬間を味わい、胸いっぱいにあたらしい空気を吸い込んで全細胞に届けます。そして、静かに、ゆっくりと丁寧にエネルギーを循環させるかのように、息を吐き、大地に届けていく。

日々のストレスや悩みが軽くなるような、美しい浄化の時間です。

　毎日、日の出前に起床するのが難しい場合は、休日だけ実行してみるなど、少しずつ取り入れてみればいいのです。家族で一緒に早起きして朝日を拝むのもいいでしょう。自然を愛でることで一体感を実感でき、絆と感動が生まれます。

　日の出前から静かに瞑想に入り、朝日が昇るまでを見届ける。その一連の所作を、自分なりの「儀式」としてとらえ、1日を感動ではじめると、いのち自体に躍動感が生まれ、感謝することが当たり前のようになるのです。

　太陽が昇って、1日がはじまるだけで、尊いということに気付けるからです。
　当たり前のことにこそ、感謝できるのです。

　太古から繰り返される自然の営み、その一部を見届けることで、心は懐かしさ、豊かさを取り戻せます。地球は生きている、そして、動いている。
　仕事で悩んでも、恋愛で悩んでも、家庭で悩んでも、自分の生き方を見失っても、自分の価値が信じられなくなっても、眠れない夜があっても、絶望の淵に立たされて、生死をさまよっても……まず、宇宙があり、地球が動き、太陽のひかりが届く。
　ちいさな自分の足は、きちんとこの地球に根付いている。

そのうえでわたしたちは、時間という恩恵を受け、太陽のひかりを見ることができる。

このように、自分の生きる理由も、ちいさな思い込みにとらわれずに、地球全体、宇宙全体のつながりとして考えていけば、おのずとわかってくると思うのです。

もちろん、太陽が出ない曇りの日や、雨の日でも、暗闇が少しずつ薄れていく時間に起床して静かに瞑想することは心を鎮める効果があります。雨が歌うメッセージ、水に洗われた緑のにおい、霧のたちこめる非日常感、みずみずしい浄化の便り……。雨や曇りだからこそ、感じられることがあり、今しかない時間を大事にできるのです。

わたしたちは、自分の力だけで生きているのではありません。大自然の変わらぬリズムがあって、ひかりを浴びたり、恵みの雨を受け取ることができます。

必要以上に多くの責任を背負って、ストレスを感じている方、自分だけが頑張っているような気がして、周りを否定したり、変えたくなったり、怒りを感じている方などは、この浄化体験で、少しずつ「強固な自分」という枠をやさしくぼかし、大自

然と自分自身が調和していく喜びを味わうようにしてみてください。

　自我の枠がやわらかくなり、空気とまじりあい、溶け込むようなイメージを持つのです。

　きっと、今までの想念がほぐされ、無理をせずに自分の力量で頑張っていこうと、心が楽になれるはずです。

　＊ちいさなひみつの種＊

神聖な場所で、朝日を浴びながら静かに瞑想するもよし、太陽礼拝（ヨガ）で体を目覚めさせるのもよし。
どちらも、朝から神々しいエネルギーを頂くことになるのです。

．．

肉体の浄化への鍵！

夜明け前に起きて、日の出を拝みましょう。

浄化効果 up!! アファメーション

当たり前にくる今日に感謝しています。
ストレスも、疲れも、不安も、すべて泡のように消えて、あたらしいわたしになります。

グラウンディングで自然とつながる

足の裏から自然の恵みを頂く

　子供のころは、裸足で自然のなかを駆け回ることが楽しく、特に大自然で育った人にとっては、夏場などは裸足で過ごすことが当たり前のようだったでしょう。

　しかし、大人になるにつれ、裸足で生活することは減り、現代は必需品であるスマートフォン、パソコン、家電製品などの電磁波の影響を受けて、毎日過ごすようになりがちです。

　電磁波を多量に浴びていると、体の不調の原因になります。それでも、現代で電磁波から隔離して生活することは極めて難しいため、電磁波を外に逃がす工夫が必要です。

そこで、裸足になって大地に直接触れ合う浄化法があります。これは、「グラウンディング」とも呼ばれ、体の浄化だけではなく、自分の心の軸を安定させる効果もあります。

　自然のエネルギーをダイレクトに足裏から吸収することで、電磁波の影響を受けた体のバランスを整えていくことが可能です。

　大地に根を張って立つことは、肉体の健康やリフレッシュ効果だけでなく、土台である足の裏を安定させ、精神的にもぶれない軸をつくっていき、集中力を高めることもできます。両足でしっかり立つという行為は、人間生活の基本を整えることになります。

　自然ある公園や、川、海で朝日を浴びながら、裸足で大地の上に立ちます。

　自然に直接触れることが重要なので、コンクリートやアスファルトなどは控えます。

　大地にあふれているエネルギーが、足の裏からダイレクトに入り、体中の血液に流れ込むような清々しい感覚になるでしょう。体中にあたらしいエネルギーの息吹がそそぎ込まれるようです。美しい自然のなかで大地に立ち、深く呼吸することは肉体をきれいにする最高の浄化法です。

　足の裏から受ける繊細な感覚に意識を研ぎ澄ませます。

　自分の足の裏に根があって、大地にたくさんの太い根を張っ

ているようなイメージをして、大きくゆっくりと深呼吸してみましょう。たくさんのエネルギーがチャージでき、自然の美しさ、壮大さ、健やかさと調和することができます。自然と自分との間に隔たりがない状態を感じ、心は平和になります。

大地から前向きで活力あるエネルギーを吸い込み、体の毒素やネガティブな思いは、すべて、出してしまうイメージで行います。あなたの肉体にたまった毒素は、風が遥かかなたに飛ばしていき、あなたは新鮮な空気で肺を満たします。
これほどにシンプルで最高な浄化があるでしょうか？

浜辺では、砂のざらざらした感触が心地いいものです。
足が砂に吸い込まれる感覚、寄せては返す潮の流れも感じ、揺れる土台も楽しみます。
砂自体には非常に高い浄化作用があるため、全身で砂のぬくもりを感じ、毒素を排出させる砂浴も効果的です。
海中、水中では、足全体を水が包み込んでくれる癒しを堪能します。
大地では、母なるぬくもりを感じ、ちいさな生き物と共存している喜びを感じます。
草原では、踏まれてもまた伸びていく草の逞しさを学び、強さを身につけます。
雨の日も、濡れた大地のみずみずしさを感じられ、森に行けばマイナスイオンの効果が高くなり、心身ともにリフレッシュできます。

このように、五感で味わいながら、大自然と調和する時間は、体を直接浄化し、心の栄養になって、不要な考えを浄化し、幸福感を高めてくれるでしょう。

大事なものは高いところにあって届かない、のではなく、意外にも足元にきちんと用意されているのです。

それは、分け隔てなく、だれの足元にも平等に……。

肉体の浄化への鍵！
自然のなかでグラウンディングしてみましょう。

浄化効果 up!! アファメーション
わたしはいつでも大地とつながっていて、足の裏から自然のエネルギーを吸収します。
やがて体中にエネルギーが浸透し、疲れた体が健やかに蘇ります。

背骨を伸ばし、胸を張る

姿勢は人生を決める

姿勢を整えることは、
人生を整えることです。

　前向きで向上心を持った精神のときは、自然と背骨がきれい
に伸びて、エネルギーの通りが良くなっています。体中にエネ
ルギーが巡りますから、肉体が浄化しやすく、心も伸びた背骨
のように真っすぐに、素直な状態になります。

　逆に落ち込んでいたり、慢性的な悩みを抱えて不安があると

76

き、自信を失っているときは背骨が曲がり、猫背になって全身にエネルギーが行き渡らず、肉体の不調にもつながっています。この状態が長く続くと、精神的にも改善が難しく、体と心、両方とも悪循環になってしまいます。

　ですから、悩みや不安があるときこそ、心を変えよう、変えよう、と焦って頑張るのではなく、まず姿勢から変えていくのです。姿勢が変わることで、やがて心も変わります。
　心が変われば、人生が変わるのです。

　悩みがあるときほど、自分を変えなければならないと、もっと努力しなくてはならないと、心を変えようとして複雑に、難しく考えがちですが、シンプルに姿勢を変えるだけで、ちいさな変化がはじまります。

一度、心をクリアにして、ゼロに戻るように「空白」に戻ることを楽しんでみましょう。

　姿勢を正して、ゆっくり深呼吸してみる。
　一歩一歩、ゆっくり確実に歩いてみる。

　そんな素朴でちいさな心がけが、体を整え、心も整えることにつながっていくのです。

　あなたが普段、どんな姿勢で生活しているか、自分で気付いてみましょう。

　自分の心の在り方が姿勢に表れているのですから、心を知りたければ、姿勢をチェックしてみるといいでしょう。注意深く自分を観察していると、足を組む癖や、前かがみ姿勢、片足重心など、体がゆがみやすい姿勢をしていることに気付きます。浄化されたバランスの良い肉体であるために、良い姿勢を心がけ、心のバランスも整えていきましょう。

　瞑想やヨガをする際も、姿勢というのは最重要になります。

　まず、背骨を気持ちよく伸ばすことからはじまります。そして、胸を張り、肋骨を広げます。そこから、新鮮な空気を体中に取り入れることができ、エネルギーが体中にしみわたるのです。

　何気なく、立ったり座ったりしているわたしたちですが、

姿勢を変えるという意識ひとつで、
人生観まで変えることができます。

　今一度姿勢を見直して、人生を変える第一歩を踏み出してみましょう。

＊ちいさなひみつの種＊

いい姿勢とは、横から見たときに、きれいに背筋が伸びている状態です。猫背や反り腰にならず、体がバランスよく調和しています。顎を引き、胸を自然に開き、骨盤を立てて、足の裏は左右両方同じように重心を置いて、リラックスした状態で堂々と立ってみましょう。

....

肉体の浄化への鍵！

背筋を伸ばし、胸を張り、いい姿勢で過ごしましょう。

浄化効果 up!! アファメーション

わたしの姿勢は常に整い、スムーズに全身にエネルギーが行き渡ります。体の不調もなくなり、建設的な思考になり、人生が前向きになります。

吐いて、
出して、
クリアに
する

出すことは最強の浄化

　変わりたい、頑張らないといけない、もっともっと、と思っているとき、競争心を刺激されているとき、人は焦って欲しがろう、欲しがろうとして、過剰になんでも詰め込み過ぎてしまいます。この詰め込み過ぎが、体と心を縛り、苦しくさせてしまうのです。

　詰め込み過ぎるとそれを維持するために、心も体も頑張って、力みます。

　力むから、呼吸が浅くなって、苦しくなってしまいます。

人は、入れるだけでは機能しません。
入れっぱなしではどんどん気が淀み、
毒素がたまっていきます。

心もそうです。一度ネガティブな考えに汚染され、それを浄化できないと、ずっとその思いにがんじがらめになって、身動きがとれなくなります。過去の過ちや悲しみを忘れられず今を直視できないときなどもあるでしょう。

だから常に、流すという浄化が必要になります。深呼吸は、吐くと自然と空気が吸えます。吸いっぱなしでは苦しくて、限界がきます。

苦しいときこそ、吐いて、吐いて、ぜーんぶ吐き切って余計なものを流してしまえばいいのです。

苦しいときこそ、入れようとする、だから、余計息が詰まる。だったら、逆に思い切り吐いてしまえばいいのです。

心が苦しいときこそ、思いっきり走って、我を忘れるほどに体を動かして汗を流す。息を吐いて、汗を流して、涙がこみあげても我慢せず流す。流す。流す。汗や涙と一緒に、悩みや痛みも洗い流すように。

血も汗も涙も、すべて出し切った
母親が念願の赤ちゃんと
対面できるのです。

人は生涯、消化、吸収、排泄を繰り返していきます。
このバランスが整っていれば、体は浄化されるのです。

これは食生活のみでなく、お金や人間関係も一緒です。
すべてはつながっています。
入れっぱなしでは毒素がたまる、だからきれいに消化吸収して不要なものを出す必要があるのです。お金は気持ちよく回していく、人間関係は風通しをよくして付き合う。これも浄化の一環です。

なんでも、自分だけでとどめておくと、自分だけの水はやがて淀んでしまいます。
きれいな水は清らかに流れる水です。
時折風に揺らぎ、ひかりに照らされ、石に洗われる、淀みなくとどまることのない、流れる水です。

肉体の浄化にとって効果的なのは、「水」です。
人間の体も半分以上は水で形成されています。わたしたちは水とともに生き、水の流れのもと生命を維持しているのです。
悩みがあったりショックなことが起きたとき、人はお酒に走り

がちですが、「水」で肉体も精神も浄化してください。わたした
ちを形成している水のやさしい働きで、心身ともにクリアになれ
れますよ。

　海の恵みがつまった「海水」も浄化を助けてくれます。広い
海にたたずみ、太陽に照らされたひかる水面を見るだけで、精
神的に癒されますが、海水に身をゆだねてみると、海の力で肉
体の不純物、心のよけいなものがすべて浄化されていきます。

　**手放すことを知っている強いたましいであれば、淀みなく、
浄化のサイクルが繰り返されていることでしょう。自分にとっ
て不必要な想念を手放す、執着を手放すことも浄化のひとつで
す。**

日々、必要なものを
吸収することも大事、しかし、
出すこと、手放すことは浄化において
一番大事なことです。

　学びだってそう、勉強というのもまた、消化と吸収の繰り返
しです。
　学びっぱなしではなく、ただ知識を詰め込むのではなく、咀
嚼して自分なりに消化吸収する、得た知識なり知恵は、自分だ

けにとどめておかず、発信する。

　自分なりに、学ぶということをバランスをとって整えていく。

この積み重ねがあたらしい価値観を作り、メディアや既存書物から学んだだけの「味気ない知識」ではなく、人生の深みがにじみ出る、不器用でも独創的な「生き知恵」が生まれてくる要因かもしれません。

＊ちいさなひみつの種＊

水はあなた自身です。きれいな肉体を保つには、きれいな水で浄化してあげることが大事です。飲み水にも気を配って、体のクリーニングを行ってみましょう！水を入れた青い瓶に太陽のひかりを吸収させれば太陽パワーの浄化水が完成します。自動販売機では、一番健康になる水が一番安価で売られています。（体にいいものは安いのです！）水は、究極の癒しです。何を飲もうかと迷ったら、水で浄化することが欠かせません。

....

肉体の浄化への鍵！

今日は1日、飲み物を天然水に変えて過ごしてみましょう。

浄化効果 up!! アファメーション

わたしの体は天然水によって浄化され、不純物が流れていきます。血液も、細胞も、思考回路も、感情も健康になっていきます。

自分の
体を
抱きしめる

いとおしく、癒される

　ちいさいころは、常に家族に抱きしめられていました。

　常に、守ってくれるだれかがいて、あなたは守られていました。

　母や父、兄弟、家族のあたたかな体温、笑顔、手のぬくもりを感じて、成長してきました。

　しかし、成長するにしたがって、自立心や自我が強くなり、親や家族に甘えることが子供じみているようで恥ずかしくなり、避けるようになります。素直に甘えられていた幼いころの記憶は、ほんの束の間。大人になるにつれ、甘えを排除し、人に頼ったり、寄りかかることが苦手になるかもしれません。そ

れが、大人になる、成長していくことでもありますし、強がっていることでもあります。弱い自分を隠したい自意識が勝つのです。

　いつも頑張りすぎて、人に頼れない人、弱い自分を人前に出せない人は、自分で自分の体を抱きしめてあげましょう。

　自分を愛する、肯定する、自分に OK を出す。ということの本意がわからない場合は、まず、あなたがあなたをやさしく抱きしめてあげてください。

　赤ちゃんを抱くように、やさしく、自分の肌に触れるのです。不安定なとき、人は本能的に自分の体を触ることで心を落ち着かせます。緊迫した筋肉の緊張をほどき、肉体の浄化にもつながります。

　抱きしめたり、セルフマッサージをして自分の肌に触れる行為は、癒しの浄化になります。

　あなたの手のひらには、どんな痛みも、悲しみをも、癒すエネルギーがあります。

　あなたの手は、人にぬくもりを与えるためについています、いやそれ以前に、あなた自身を癒すため、クリアな状態へと浄化するためについているのかもしれません。
　不安や悲しみ、心に痛みがあれば、まずあなたがあなたの手

で肉体をなぞり、やさしく包み込むように撫でてあげてください。素肌、体の器官をひとつひとつ、撫でながら浄化していきましょう。

　あなたの瞳は、美しいもの、清らかなものを見るためについている。
　あなたの耳は、美しい音色や嬉しい知らせを聞くためについている。
　あなたの鼻は、美しい香り、大切な人を知るためについている。
　あなたの口は、美しい言葉、愛、希望を話すためについている。
　あなたの肌は、美しくあたたかいぬくもりを感じるためについている。
　あなたの肉体は、素晴らしい自然の恩恵、命の恩恵を感じ喜び、感動するためについている！

　このように浄化された肉体でいるためにも、毎日頑張って動かしている瞳をとじ、瞼に触れる。
　眉、頬、唇、耳、目じり、首筋、頭皮も、腕、胸、背中、お腹、お尻、足、指の隅々まで、ひとつずつ、すべてまんべんなく撫でていく。あなたの細胞が息をしていることを実感しながら……。

　体の不調を感じたら、あなたの全器官にやさしく、語り掛け

てください。

「大好きだよ、愛しているよ……」と。

　あなたの肉体のことを一番よくわかっているのは、あなた自身です。繊細な肉体の声に耳を澄まし、やさしく触れて、癒してあげましょう。自分の体と仲良くなり、愛していけば、心も暴走せず、穏やかさを保てます。

　今、ここにあるこの肉体をまず愛する。そして最大限に受け入れてあげてください。

＊ちいさなひみつの種＊

手のひらにはあなたの愛が流れています。どんな薬を塗るよりも前に、手のひらで撫でてみましょう。手から伝わるエネルギーから、今日の癒しも明日への活力もそそがれるのです。
ストレスを感じたら、お腹を集中的に撫でてみましょう。お腹をあたためることは、心身共に癒し効果が高いのです。

・・・

肉体の浄化への鍵！

自分の体を自分で抱きしめましょう。

浄化効果 up!! アファメーション

わたしは、わたしの体を愛しています。
わたしの手は、わたしの体をやさしく癒し、回復させていきます。

しあわせに
眠る

眠りこそ最高の自然治癒薬

現代人は、みな忙しく、時間に追われる毎日です。

仕事は残業、休日出勤がつきもの、家事と育児で眠る暇もないなど、毎日の生活のなかで、睡眠を削らざるを得ない状態の方も多いと思います。しかし、睡眠不足は心にも体にも悪影響を及ぼしていきます。生活習慣病やうつ病の懸念もあります。

肉体を浄化するには、「しあわせな眠り」が欠かせません。

眠りは、最高の自然治癒薬です。眠っている間に自動的に浄化されていくのです。

ストレスが溜まっていたり、気持ちが苛立っているときは、死んだように寝てください。

　冬眠するかの如く、気が済むまで眠りにつくのです。

寝ている間にすべての思考、感情を流すように、自分の淀みを手放し、新鮮なエネルギーをチャージするように。

　しあわせな眠りを謳歌するためには、眠りにつく前が肝心です。感情が嵐のように荒ぶった状態や、ネガティブなことばかり考えながら眠りにつかないこと。

　マイナス感情や怒りは一度眠る前に浄化してあげましょう。

　寝る前にゆっくりお風呂につかり、ここでマイナスの感情はすべて洗い流します。全身をセルフマッサージして、その後軽いヨガと、瞑想で心を落ち着かせましょう。アロマを焚いたりキャンドルの炎を見つめながらすると、心が鎮まり浄化作用が強くなります。

　心が落ち着いたところで、ポジティブなイメージを持って、しあわせな気持ちを感じながら眠りにつきます。

　恐れ、不安、ストレス、怒りはすべて手放し、肯定的なビジョ

ンに変えてしまいましょう。

眠りに落ちる瞬間の感情や思考は、
潜在意識に働きかけるので
非常に大事です。

　しあわせな気持ち、穏やかな気持ち、今日1日をありがとうという感謝の気持ちで眠りにつくことで、心身共に浄化され、あたらしい1日を爽やかに迎えることができるでしょう。

　ストレスを感じたらじたばたせず、人に当たらず、暴飲暴食で感情をごまかさずに、静かに自分の心を落ち着かせ、夜更かしせず早めに眠りに入ることです。
　眠りという万能薬があなたを浄化し、翌日にはネガティブな思いは引きずらない刷新された心になっています。

　慢性的に悩みやストレスがある人は、この習慣を継続していけば、必ず、改善に向かっていくことでしょう。

＊ちいさなひみつの種＊

眠りに入る直前は、願望が素直に届きやすいときです。心も体も完全にリラックスして、至福の状態で眠りにつき、具体的に自分の願望を唱えてみましょう。そのとき、わたしは○○できました、ありがとう。と叶っているという前提で唱え、感謝も伝えます。これを繰り返しているうちに、自然とあなたは「なりたいあなた」へと変わっていることでしょう。

. . . .

肉体の浄化への鍵！

しあわせな気持ちで眠りにつきましょう。

浄化効果 up!! アファメーション

今日１日を無事に終えることができて、ありがとう。
穏やかに眠る時間があることに感謝します。しあわせな気持ちでおやすみなさい。

あたらしい世界への鍵

あなたがあなたを愛することが最高の浄化になる。
あなたの肉体をあなたがいたわることが、愛になる。
あなたのそのすべてを愛そう。
あなたがたとえぼろぼろになったとしても、愛そう！

あなたの肉体が浄化されたものでありますように……。

Chapter3

人間関係の浄化

最高の人間関係を
築きたい人へ

旅するように、
つながりを謳歌する

今まで、日々の浄化から、肉体の浄化までお伝えしていきました。

　どちらも、自分自身の意識次第で変えていくことができるものです。

　ただ、今からお伝えするのは、「人間関係」がテーマです。

　人間関係というのは、自分だけではなく必ず「相手」が存在しますから、自分の思い通りに行くものではなく、流動的で感情を多く揺さぶられるものです。

**　人との関わりは、瞬間的な心の関わり合いの連続で、関係が良好なときもあれば悪くなるときもあり、「変化」の渦のなか、躍動感ある生の重みを感じるものだからです。**

　自由になりたい、浄化されたい、クリアになりたいからといって、例えば今ある人間関係を片っ端から排除することは、脳内ではできたとしても、現実的には難しく、葛藤が生じます。この葛藤もまたストレスになり、あなたの心を縛ってしまうのです。

　人間関係の悩みは、生きている以上だれもが通過することでしょう。特に仕事やライフスタイルで人と関わることが多い人ほど、ひとりひとりと円満に付き合っていくこと、風通しの良い距離感を作るのが大変になります。

　しかし、人間関係を教科書的にではなく、「あなた」の生き方に沿ったやり方で浄化していけば、心も楽になり、人と関わる

うえで余計なストレスはためずに、人間関係が円滑に進み、生に潤いをもたらす砂漠の泉のような場所だと実感できるでしょう。

　人間関係、そして多くの苦しみは「愛の欠如」から起因します。

　欠如といっても、愛がないわけではありません。何らかの理由で（成長の過程での傷、痛み、トラウマなど）愛より、痛みや苦しみ、ときには憎しみ、嫌悪、嫉妬などのネガティブな感情が上回ってしまったのです。

どんなときも、愛のちからが強ければ、
苦しみに染まることはありません。

　そのためには、あなた、そしてパートナーや関わる人が「愛ある状態」の自分に戻っていくことが大事です。

　そして人間関係の土台は「あなた自身」との調和にかかっています。

　あなたの心の鏡が世界を映し出す。
　あなたの周りにいる人も、あなたという鏡を通して映し出されているのです。

あなたが変われば、見える世界が変わります。

　変わることを恐れず受け入れることから、あたらしいひかりが差し込み、あなたの空は美しい彩りを放つのです。

　人間関係は決してあなたを苦しめ、狭い世界に閉じ込めるようなものではありません。

　人間関係を「旅」のようにとらえ、自分にとって刺激的であり、精神的にも豊かな恩恵をもたらすものであるために、浄化していきましょう。

自分の心をみつめる

世界は鏡、人間関係は鏡

あなたが見る世界は、あなたの世界です。
あなたの心が、目の前の世界を映し出しているのです。
あなたの心の鏡をみつめて！
それが、あなた自身です。

　この世界はあなたの心がそのまま映っている鏡の世界というわけです。
　何だか、ファンタジーの世界にきたようですね。
　納得いかない方も、話半分でいいので、耳を傾けてみてください。

元気のないときに見る空はどんなに晴れていても、なんだか寂しそうに見え、元気のあるときに見る空はどんなに雨が降ろうと、恵みの雨をもたらす聖なる空に見えるものです。感性の強い方は、特にそれが強く感じられることでしょう。

自分の外側で起こっていることを判断しているのは、すべて自分の心だということです。

　外側の出来事はだからいつも淡々と、純粋に起こることばかり。

　朝太陽が昇り、日差しが照りつけ、夕方になるとやがて日は沈んでいくように……。

　淡々と自然の摂理で動いているだけのこと。

　でも人間には心や感情があるので、それが入ることで見え方、在り方が全く変わっていきます。それがおもしろくもあり、大変でもあり。ただその仕組みに気付いたら、楽しめるし客観的にもう一度外側から自分を見ることができます。

　人間関係だってそう。自分の心が判断していること。

　外側のその人はその人。自分の心が勝手に湾曲して判断しているだけなのです。

　世の中は鏡の世界だから、すべてに不満があって頭ごなしに

批判ばかりしてしまうときは、だれかを使って自分を批判しているだけ。人を批判して変えようとしても、自分自身は変わらないものです。だから根っこにある自分への不満は消えずに残ります。そして、その根底には、変わることを恐れる、怖がりな自分がいます。

自分を変えられないからこそ、人を変えて世界を塗り替えようとするのです。
しかし、人を変えようとしたいときは、本当は自分が変わりたいときなのです。

目の前にいる人をなんとかして変えようとありとあらゆる手段を駆使するのではなく、そっと静かに、自分の心のなかを探検してみるのです。

その道のりは決して簡単なものではないかもしれません。ごつごつした山道、厳しい坂道、険しく大きな岩が行く手を阻んでいるかもしれませんし、ときに断崖絶壁にも遭遇するでしょう。それでも、自分の心と向き合うために、勇気を出して進んでみるのです。

人の心を変えようと頑張る前に、まずは自分の心を手探りでいいですから、知ってみる勇気を持つことです。

今自分は人の心を変えようとして、自分の心から逃げている、と自覚することです。

そして、大事なのは、自分の心から逃げたいほど、痛みや苦しみ、寂しさがある、という自分を癒してあげることです。

　自分に不満がなければ、だれかを批判する必要もありません。今の自分に満足していれは、人を変える必要もないからです。

　あなたの心のチャンネルがグレーだと、世界もグレーに染まります。
　だからと言って周りの人の色を塗り替えることはできません。
　あなたの心の色を塗り替えなければ、世界の色は変わらないのです。

　心の色が変われば、きっと気付くはずです。
　周りの人の虹色の部分に。
　最初からグレーなのは、あなたの心だけで、だれもが虹色の色を持っています。

　あの人がもっとこうだったらいいのに……と思うのも心で思うコントロール。
　あの人がこうだったらいい点はそのままあなたがこうだったらいい点です。

まず人を変えたい点に気付いたら
人を変えようとせず
自分を変えてみること。

それが、世界を虹色に塗り替える秘訣です。

　批判するあなた、自分を変えられないあなたが悪いというわけではありません。だれも悪くない。自分への不満というのは、劣等感、罪悪感、無価値感など、普段直面したくない感情ばかりです。けれど不満を持たない人はいませんし、皆それぞれ心のなかに、そういった取り扱いにくい感情を持って生きているのです。

　大事なのは、自分の心のなか、そしてみんなそれぞれ心のなかにそういった感情を持っていることを受け入れることです。
　良い感情もあれば、そうでない感情も持っているのが人間です。自分の心に隠された不満の正体に気付き、否定せずにケアしてあげることがあなたの世界の救いになるでしょう。
　人間関係を浄化する第一のステップは、自分を見つめなおすことです。

　あなたの心の鏡は、素直です。
　鏡ですから、嘘はない。本当の姿をそのまま映し出します。
　鏡ですから、跳ね返ります。ひかりも、邪悪なものも。

だからこそ、この世の中は時折非常に苦しいでしょう。

　見たくない世界だってありのまま見せられるからです。

　それはパートナーが見せてきたり、自分に起こる出来事が見せてきたり……。

　できたらこの世界が鏡なのであれば、いいひかりを映し出したいですね。

　いつも自分の前にあるものは自分の心の鏡と意識していれば、邪悪なものはよりつかず、排除され浄化されたものだけでしあわせになれます。意識の力を使うのです。

　余計な心配がなく、必要以上のものも人間もためこまず、シンプルで、しあわせで、ストレスのないきれいな鏡を持ち続けてみませんか？

　人によっては時間がかかるかもしれません。それでも、闇には必ずひかりが差し込む日がきます。曇った鏡も必ずきれいに輝くときがくるのです。そのために苦しむことはありません。

　あなたの人間関係での考え方を少し変えてみるだけ、そして、あなたの心のなかの「もやもや」を、受け入れて否定せず、一緒に生きていく決断をするだけでいいのです。

　今一度、あなたの心のなかの大事部分とつながりましょう！

＊ちいさなひみつの種＊

例えば、雨の日は気分が落ち込むというのはあなたの思い込みであり、あなたの心の状態です。同じ雨でも、しあわせでワクワクした日を過ごす人もいます。心の気分をみつめて、大事にして生きると、あなたが映し出す世界は必ず、いいものに変わっていきます。

人間関係の浄化への鍵！

あなたの今の心の状態を観察しましょう。
（嬉しい、ワクワクしている、不安が多い、緊張しているなど、素直にただ観察します）

浄化効果 up!! アファメーション

今日１日を無事に終えることができて、ありがとう。
穏やかに眠る時間があることに感謝します。しあわせな気持ちでおやすみなさい。

わたしとの「距離感」を愛する

わたしとわたしの心の距離を知ろう

　あなたはあなたとの距離感、どのくらい近いですか？

　……少しわかりづらい質問でしたね。あなたとあなたの距離のことを聞いています。

　自分との距離？まず、意識したこともなかったかもしれません。

　だって、自分というのは、自分ですから。距離も何も……という感じですね。

　ただ、人によって、自分との距離がとてつもなく離れていて違う世界にいたり、近すぎて窒息状態だったりと大きく差があ

るものなのです。

人は一生、自分自身と付き合って
いくことになります。
どんなに嫌な現実があっても、
自分からだけは、逃げられない。

　仕事も、習い事も、友人関係も、恋愛関係も、結婚生活も、壁にぶつかって、逃げるように回避できたとしても、自分からは逃れられない。自分は一生あなたにつきまといます。そんななかで、自分との距離感というのも、心理状態により常に変わっていて一定ではないのです。

　自分と自分が近づいて歩み寄っている時期というのは、いわば、「仲良し」の時期です。
　自分自身のことが好きで、満足している状態。
　自分と自分が離れて遠くにいってしまう時期というのは、「別れ」の時期です。
　ふとしたことで自己嫌悪になり、自分を認められなくなる状態。自分と自分が完全に離れて、どこにいるのかもわからない時期というのは、「分離」の時期です。完全に自分を受け入れられず、違う自分を演じて、本当の自分を突き放している状態。
　この関係は、きっとどんな対人関係にも当てはまることで

しょう。両親、友人、恋人、配偶者、子供、やはりどんな関係の相手とでも距離感というものは時間とともに変わってくるものです。

　生きていく以上はどこかで両親から離れ、自立する時期が来ます。生きる道の違いから、友人との別れも経験しますし、失恋も経験します。愛情をたっぷり注いだ子供もやがては手が離れ自立していきます。

　それでも、自分自身とは離れられません。様々な人間関係との「別れ」を体験しながら、最終的に「死」というお迎えがくるときに、ついに自分自身との別れに到達するのです。

「自分自身」との関係というのは、いかなる人間関係よりも壮大で、奥深く、長い時間を歩み、多くの秘密が隠されている貴重なものです。

　ですから簡単な話、自分自身との関係を浄化してしまえば、人間関係のトラブルや悩みというのは割合スムーズに解消できます。これには、幼少期の両親との関係を浄化することも含まれています。

　自分との距離感が心地いいと、自然と周りの人との距離感も居心地のいいものになっていきます。過度な依存も執着もなく、

そして過度な離反もありません。自然な付き合い方で、接することができます。

　しかし、自分との距離が過度に近すぎるとバランスが崩れます。自分に集中するのはいいですが、度が過ぎてしまい自分のことしか見られなくなってしまうことも、人との関わりあい上、問題になります。行き過ぎると、自分で自分を縛ってしまい、至近距離すぎて、自分の全体像が見えなくなってしまっています。その結果、こだわる「自我」が生まれ、頑固に自分に執着して自分勝手になり、周りの人を受け入れられなくなる可能性があります。

　そして、自分との距離が遠すぎてもバランスが崩れます。自分の「核」の部分とつながれないまま……いわば自分と自分が切り離されている状態です。本当の自分を受け入れられないとき、人は理想の自分を演じます。すると、本当の自分を置いてもうひとりの自分が、頑張りすぎてしまうのです。本当の自分はどんどん置いていかれて……。自分と自分との距離が遠すぎて元に戻れなくなってしまうのです。

　自分とうまくつながれないから、たくさんの人と表面的につながることで安心しようとします。でも根底では寂しさや傷が癒えない。結局のところ、むなしさが残ります。
　だからこそ本当の自分ときちんとつながってください。程よい距離感で。

　自分との距離感が適正であれば、他の人と合わなくても、無理に自分を抑え込んでまで合わせる必要はないし、違うんだな、と客観視できます。周りの考えにのみ込まれないですむのです。あなたの大切なあなたを大事に守ることができるのです。
「今現在」の自分を受け入れる勇気を持ち、現実と理想の自分をはっきり受け入れたうえで自分との心地よい距離感を調律してください。不協和音だったあなたの心の世界を、あたらしい弦で奏でなおすのです。

　あなたの心があるべき場所とつながっていられるよう、程よい距離を愛してください。

人間関係の浄化への鍵！
自分とのつながりを大事にし、心の声に素直になりましょう。

浄化効果 up!! アファメーション
だれかとのつながりよりも前に、自分自身の核とつながります。自分と自分が深くつながり、調和できています。心の声に素直になり、迷わず、自信をもって進むことができます。

大切な人ほど
バランスを
とる

至近距離を調律する秘訣

　前回、自分との距離についてお伝えしましたが、今回は自分
以外の「強い関わり」をする相手との距離の調律の秘訣です。
　自分自身との距離の取り方は、相手が介在しないため、比較
的整えやすいものですが、関係性の濃い、恋愛関係や親子関係
では、自分がコントロールできないぐらいの「強い愛情」が生
まれます。

　その結果、距離が異常に縮まりやすいので、一点集中でしか
相手を見られなく、感じられなくなってしまうことがあります。
自分本来の「距離感」のバランスが崩れ、視野が一気に狭くなっ

て、混乱するようになるでしょう。そこで、距離感を狂わせる強い愛情とどう向き合うかが大事になってきます。

　距離が縮まりすぎると、一点にばかりに気持ちが集中して、全体像が見えなくなり、本質を見失ってしまいがちです。相手の悪い面が一点でも目に入ると、そこから離れられなくなり、全体で見るという「バランス感覚」を失ってしまうのです。

　そして、それがエスカレートすると、自分と相手の境界線すらあいまいになり同化につながり、共依存状態に発展してしまいます。そして、共依存状態から離れるのにはかなりの苦痛を伴います。

　人間関係で、距離感が狂ってしまったら、もう一度自分との距離感を正しい場所に調律してください。

どんなときも、
あなたにはあなたが正しい場所に
いてくれることが大事です。

　あなたは、目の前の人のことに熱中しすぎて、気付けば大事にしていた「自分自身」との仲をないがしろにしてしまっていませんか？我を忘れて、調律を放棄した弦は、ゆるみ、安定した音色を響かせられません。

　そして、あなたが程よい距離感を保てていても、相手との距離感が狂ってしまうこともあります。その場合、相手のペースに飲み込まれないこと、心理的余裕を持って付き合うことが肝心です。相手との距離感が近すぎるときは、それを伝えてあげること。

　否定せず、愛情をもって伝えることが大事です。我慢して合わせる必要はありません。

　人間関係で感じた気付きというのは溜めずにその都度話し合っていくことが、もつれをなくし関係の風通しを良くするうえで不可欠です。人間関係での過度な依存、執着から抜けて、そこから距離を置けば置くほど、客観的に全体像が見えてきます。

　もちろんそのプロセスは辛く、痛みが伴うかもしれません。

　しかし、距離を置くことで、主観がなくなり、完全に客観的にとらえることで、対人関係を冷静に見つめることができます。

一部分を見て決めつけているから、悩むのです。辛いのです。全体像が見えれば、痛みも軽くなるのです。

　自分にも、相手にも羽を伸ばせる空間を作ってあげることが「思いやり」であり「尊重」です。相手に「自分自身と対話する

時間」を与えることは至上の愛になるのです。

　そして、距離を取りすぎても、逆に何も見えなくなってしまいますから、全体像が見えるバランスを保つことが、人間関係の調律のポイントです。仕事でも一緒です。何事でも、一点に集中しすぎると、全体像がわかりません。仕事の嫌な部分だけ感じてしまったら、メリットも忘れてしまいます。

大事なのは、一点にのまれないことです。
いい部分もあれば、
そうでない部分もあって当然なのです。

　偏った思考は、ストレスを生みます。苦しみから逃げたい心が、感情や思考を偏らせ、物事を湾曲させて間違った決めつけによって、あなたを支配していくのです。

　その自分の心の水面下の操作に惑わされず、真実を見るようにし、心揺るがないことです。ニュートラルであること、バランスを保つことは安らぎを生みます。

　今一度、自分との距離感、そして周りの人との距離感を見つめなおし最高の協奏曲を奏でていきましょう。

＊ちいさなひみつの種＊

あなたのエネルギーと相手のエネルギーが混じり合う、コミュニケーションの潤滑油は「間」です。一方的な会話はコミュニケーションになりません。相手の「間」を尊重してあげることで、お互いの空気感がとけあいます。自分の「間」で展開せずに、お互いの「間」を読み合うことで、「あうん」の呼吸が生まれるのだと思います。

人間関係の浄化への鍵！

大切な人ほど、間や距離感を大事にしてバランスよい付き合いをしましょう。

浄化効果 up!! アファメーション

強い愛情を持つ相手ほど、距離感を大事にします。
相手の間や、時間も尊重できて、愛ある関係が続くことに感謝しています。

両親との関係で傷ついたことも、受け入れる

　両親との関係というのは、大体が生まれて初めての対人関係です。もちろん人により、祖父母だったり、兄弟だったり、両親以外の場合もあります。

　その、赤ちゃんのころの世界というのは、両親が絶対。特に母親が絶対的な存在という世界です。なかには、事情で両親と早い離別を経験された方もいらっしゃるでしょう。それでも、生まれた「瞬間」というのは、母親を求めることが、あなたの世界でした。

　絶対的な存在である両親との関係も、成長するにつれ、変化が起こります。あなたは一生赤ちゃんのように、両親を求め続

けるわけにはいきません。やがて立つことを覚え、ひとりで出来ることが増え、自我が芽生えます。学校に行き、社会に出て、自立していきます。

その変化のなかで、人はどこかで必ず両親との間に何らかの「傷」を負うことでしょう。それは両親からの過度な期待、決めつけ、命令、干渉、束縛、否定、放任、無関心といったことから、育児放棄、離婚、死別といった多大なショックまで多岐にわたります。

もしかしたらあなたは成長過程で、両親との関係での「傷」を直視できず、「傷ついた自分」、そして「両親に否定的になる自分」を悲観的にとらえていたかもしれません。

しかし、その必要はありません。

まずは傷ついた自分をありのまま受け入れてあげるのです。傷は、受け入れないと癒しようがありません。

転んでたくさんの血が流血していても、なんともないよ、と処置を放置しているのと一緒です。

両親との関係の浄化は、根が深い問題を抱えていることが多く、解決に時間がかかることが多いです。解決しないまま、両親と死別することもありますし、自分自身が亡くなることもあります。それでも、両親との関係を浄化したいと思っただけで、あなたは浄化に向かっているのです。

　長い間、両親を受け入れられず、人間関係にも困難がつきまとっている方でも、時間とともに、そして自分の成長とともに、例えば自分の結婚や出産などにより、感じ方が変わるケースもあります。自分が親という立場になることで、両親への感じ方が変わるからです。これは時間を味方にしますので、すぐに変えようとするのではなく、腰を据える忍耐力も大事です。

　楽になりたいからといって、両親との関係を完璧に100%クリアにする必要もないと思います。完璧を目指すから、苦しいし満足できないのです。人間だれだって完璧ではないという、いい加減の持ち味があります。ロボットではありません。お互いの甘い部分、足りない部分も受け入れることです。両親もまた、両親との関係でどこかで傷つき、苦しみながらもここまで歩いてこられたのです。
　ここでは、両親に感謝しましょう、とか、許しましょう、徹底的に話し合いましょう、とか余計に葛藤を抱えてしまうようなことは提示しません。

　色んな感情が渦巻くかもしれませんが、ただ平等に言えることは、両親の存在があったからこそ、あなたはこの世に生まれることができた、いのちのバトンを頂けた、ということです。

　そして、両親の両親、そのまた両親と……先祖の存在がいたからこそ、あなたをこの世に送り出してくれたのです。あなたの子供、孫がこの世界に生きていることも、両親、そして先祖

がいのちをつないでくれたからなのです。

　そのルーツやつながりを感じるだけでも、浄化になるのではないでしょうか？

　ルーツ・つながりを感じることは、両親、先祖とあなたが切り離された存在ではないと、感じることです。つながりこそ、愛です。あなたは愛を感じることになるのです。

　両親との関係で傷つくのは、当たり前です。その傷を大切に、大切にしまっておくのではなく、その傷があったから成長できた、自立できたというようにとらえて、ひかりにあてて、再生させましょう。そして必要以上に重くとらえずに、あなたがいただいたいのちを全うし、輝いていくことも浄化になると思っています。

　人間関係の浄化への鍵！
　両親、先祖からのいのちのつながりを感じましょう。

　浄化効果 up!! アファメーション
　どんな感情が生まれたとしても、わたしはこの世界に生まれるきっかけとなった両親、そして先祖とのつながりを感じます。いのちのつながりという壮大なテーマに感謝し、今生きていることの喜びを捧げます。

自分にときめき恋をする

健全な自己愛は世界を救う

　ところで、あなたは自分に恋して生きていますか？

　自分自身に恋？ナルシストみたいで恥ずかしい、と思われるかもしれませんね。でも、どんな相手よりまずは自分自身にときめいて恋することがあなたを魅力的にしていくのです。

　私は魅力がない、恋愛が下手、自信のなさから自己アピールができないという方は、どんな自分になら恋ができるか？考えてみましょう。もちろん、現在十分に自分を愛せている方は、その心を大事に育ててあげてください。

自己愛にも色々ありますが、自分への執着や依存的な愛ではありません。「健全」な自己愛であることが大事です。自分のことを主観的だけでなく客観的にも理解でき、受け入れたうえで、自分を信頼できていることです。

「自信」を持って
自分と生きていくことができる
状態といえるでしょう。

悩みの多くの根っこにあるのは自分への愛情不足です。

　この章のテーマ「人間関係」の悩みの根源も自分への愛情不足です。自分の心との不調和です。自分のことが好きになれないって、気付いている人も多いと思います。むしろ人間だれだって少なからずコンプレックスは持っていますから、今まで生きてきて、自分のことが最上級に好きだった、嫌いになったことがない、という人の方が稀でしょう。

　みな、心のどこかに劣等感や自分を受け入れられない部分は、持っていると思います。

　はじめに傷ついた両親との関係から、兄弟との関係、友人との関係、恋人との関係、子供との関係に至るまで。

　ただ、自分のことが嫌いだといっても、それは表面的な世界
でのお話。

本当は、あなたはあなたのことが
だれよりも大好きなはず。

　生まれたばかりの赤ちゃんのときのあなたは「好き・嫌い」
という概念すらなかった。
　ただただ周りを受け入れていた、はず。

　わたしは、人間の心のベースというのは、「好き」という感情
でコーティングされているのではないかなあと感じます。
　ただ、そこに何らかの経験で、「嫌い」という塗料が塗られて
しまう。傷ついた経験か、劣等感か、寂しさか。その繊細すぎ
る感情を処理できないから、「嫌い」という塗料で塗っていく。

「嫌い」という感情のベースは必ず
「好き」なのではないかと思うのです。

　根底では自分のことが好きだから、嫌いになれるのです。
　嫌いという感情は「好きのなか」にあるものかもしれません。

　好きな自分から離れてしまうから嫌いになってしまうので
す。だから根っから自分嫌いなんて人はいないはずです。

（これは、自分に対してだけでなくパートナーや親しい人に対しても言えるかと思います）

　むしろ、自己嫌悪が強ければ強いほど、潜在的な自己愛も強いといえます。愛情への欲求も高くなり、自己嫌悪している自分さえ、愛してほしいと願います。自己嫌悪という名の愛情要求であり、わたしを愛して！という SOS なのです。

　この場合、外側から愛情を補填するために、同情を求め自虐的になるのではなく、愛してほしいという思いを内側から満たすことが大事です。自分が自分の味方になり、自分が自分を励ましていき、愛するのです。それができないと、自分以外の人の愛し方も偏ってしまいます。

　それでも自分を愛せない？そんな方もいるでしょう。
　それは愛せない自分に一時的になってしまっただけ。
　それを否定しないで、それを受け入れてください。

　自分を愛せない自分を受け入れるのです。自分を許せないでいても全く大丈夫。

　自分を許せない自分を許すのです。だめな感情などない。だめ、と自分が決めつけているだけ。

出てきた感情もすべて
受け入れてあげてください。
とめどなく。あなたは悪くない。
何も悪くない。

　元のベースは「好き」ですから、一時的に「嫌い」になったとしても、必ず元の「好き」に戻ります。

　自分にときめくための第一歩として、人と関わる以前にまず、

あなたがあなたにやさしくしてください。
あなたがあなたに話しかけてください。
あなたがあなたの声を聴いてあげてください。
あなたがあなたの心を開いてください。
あなたがあなたのすべてを受け入れてください。
あなたがあなたを愛してください。

あなたがあなたを愛してください。

＊ちいさなひみつの種＊

ここでの自己愛は、自己中心的という意味ではありません。
自分のことも、他者のことも、平等に愛する、という意味です。
自分を必要以上に卑下せずに肯定してあげることが自分を好き
でいる秘訣です。

・・

人間関係の浄化への鍵！

自分のことを好きになりましょう。（好きな部分を思い出しま
しょう）

浄化効果 up!! アファメーション

わたしは、深層部で、わたしのことを愛しています。
どんなことがあっても、その部分は変わりません。わたしにとっ
て、一番安らげる部分はわたしにあります。自分に恋ができるよ
うな自分になります。

不満を魅力に変える力は引き算にあり！

　さて、人間関係は自分の心の在り方で改善していくということをお伝えしましたが、一時的に自分を嫌いになってしまう理由として、「人と自分を比べてしまう」ことが挙げられるのではないでしょうか。

　「だれだれと比べて、自分は……。」と思ってしまう。致し方ない、これが人間の性。でも考えてみてください。

　あなたはあなた、だれかはだれか。最初から違うのに、なぜ同じ観点で比べる必要があるのでしょうか？あなたの遺伝子と完璧に同じ遺伝子をもつ人間は存在しないのです。

一点を見て、全体を見ないと距離感が狂い苦しむ話をしましたが、この状態になっていませんか？

　他人への憧れを抱くのはいいですが、自分と比べる必要はありません。お金を出して劣等感を買うようなものです。買うなら自分に恋ができる、素敵な世界にしましょう。

比べるのではなく、違いを認めるのです。
いや、「認める」というほど
立派なものでなくても構いません。

　ただ、「違う」と思うだけでいいと思うのです。そこに優劣はつけません。自分も素敵だし、相手も素敵です。花はとなりの花壇の花と自分を比べません。自然に美しく、あるがまま咲き誇っています。

　人は自分に多くのコンプレックスがあればあるほど、人と自分を比べがちです。
　しかし、そのコンプレックス自体、あなたが生み出した「思い込み」です。あなたが感じているコンプレックスというものが、違う人から見たら、羨望にもなるし魅力的に映るのです。
　人はみな違うエッセンスで生を堪能します。それを認めること。違うからこそ、良さがある。味わいがある。
　何より自分自身だと、安心できる。

　自分の容姿、性格にコンプレックスを持てば持つほど、この世というのは生き難い。こう思われているのではないか？嫌われるのではないか？と、心配してしまうことすらあります。しかし、コンプレックスがあってこそ、自分であり、これぞ自分の個性であり最大の魅力になるのです。

　コンプレックスこそがあなたの隠れた魅力です。隠したままでいいのですか？肯定してあげませんか？自分への肯定は自信につながります。

　怖がらずに、持って生まれた自分の魅力として羽ばたかせてあげましょう。コンプレックスを愛してあげると、あなたの魂は磨かれ、内側から輝かしいオーラを放つでしょう。

　自分を信頼して生きること、それだけで極上の魅力になります。表面的な魅力ではなく、内面から生まれる魅力が、外の世界に映し出されるからです。

　そして、どうしても、TVや雑誌を見ると、きれいに化粧した人ばかりが目立ちます。これもまた、コンプレックスを刺激する罠なのです。派手に着飾り、化粧するような足し算が大事に見える人生ですが、**本当に大事なのは、内面の美しさを引き出すための引き算なのではないでしょうか。**

　料理だって味を足しすぎたら、元の味の良さが奪われます。

素材そのものの味を引き出すためには塩コショウだけで十分だったりします。

**　人生も、それでいいのかな。と思います。**
**　素材そのものがよければ、着飾ったり、無理をしたりしなくても、おいしい自分でいられるはず。**

　それが自分を愛せる秘訣。そして愛されるしあわせにつながっていきます。思い切って引き算してみましょう。

＊ちいさなひみつの種＊

どうしてみんなが見た目にとらわれるかというと、メディアが作り出した「美しさ、かわいさ、流行」というものに惑わされているからです。みんなが同じスタイルで同じような顔だったら、そんなつまらないことはありません。人と違って当たり前。持って生まれた自分を受け入れて愛してあげて、自信を持って生きていく姿が何よりの魅力になるのです。

．．

人間関係の浄化への鍵！

コンプレックスを褒めてみましょう。

浄化効果 up!! アファメーション

わたしは、深層部で、わたしのことを愛しています。
どんなことがあっても、その部分は変わりません。わたしにとって、一番安らげる部分はわたしにあります。自分に恋ができるような自分になります。

美しい言葉を使う

美しい言葉は関係の万能薬

　言葉って何のためにあるのでしょうね？

　そりゃあもちろん、人との意思疎通のためですよね。

　言葉があるから、自分の気持ちが伝えられるし、相手の気持ちもわかるし、コミュニケーションがスムーズに運んでいきます。

言葉は愛を奏でるエネルギーです。

　とりわけ、わたしたちの使う日本語というのは語彙数が非常に多く、豊かな表現力を持っています。言葉の端々に相手を気

遣う思いやりがあり、美しく、洗練された日本語を母国語として日常的に使えるというだけで、しあわせなものですね。

　人間関係で最も大事なコミュニケーションツールといえるこの「言葉」こそが、人との関係性の運や、自分の人生までも司っていると思えてなりません。

　言葉はときに人を癒し、愛を伝えるものにもなりますが、人を傷つける刃のようなものにもなります。使う人によって、言葉というエネルギーは生きるも死ぬも変化していくのです。ネガティブな状態が続いていたり、不満が多いと、どうしても出てくる言葉は「後ろ向き」な言葉です。そして、後ろ向きな言葉を選び続けるから、人生も後ろ向きのままになってしまうのです。

　人生を好転させたかったら、言葉を変えてみましょう。これは、だれにでもすぐにできる簡単な方法です。お金も時間も労力もいりません。言葉は言霊です。エネルギーです。神さまです。言葉は目には見えませんが、確実に現実を動かしているのです。いや、目に見えないからこそ真理があるのです。

　そして、あなたの心理状態を知りたければ、自分の普段何気なく発している言葉を注意深く観察してみましょう。

　あなたの言葉は、あなた自身を示します。

　不平不満、愚痴、悪口など否定的な言葉ばかり発している自分に気付いたら、今すぐに、変える努力をしましょう。ただ人間生きていれば必ず愚痴や不満が表に出ます。きついときはきついですし、嫌なときは嫌です。それを感じ、思うことは皆一緒ですし、そこは変えられません。ただ、思ったとしても、口に出さないことであれば、心がけることができるでしょう。

　無理やり、ネガティブをポジティブな言葉に変えて使うのではなく、ネガティブな言葉が浮かんでも、それを漏らさないだけでいいのです。
「悪いことは、不快なことは、見ざる、言わざる、聞かざる」です。

　人間関係は言葉選びを変えるだけで驚異的にいい方向へ変化します。自分の発した言葉というのは、周りに影響を与えるだけでなく、ブーメランのように自分に返ってきて、体内で響き渡ります。

　あなたが、「ありがとう、愛しています、感謝しています」という素敵な言葉を放ったら、あなたの周り、そしてあなた自身にもその愛の波動が浸透してしあわせな気持ちが生まれます。逆に、あなたが「大嫌い、やめなさい、最悪」などの言葉を放った場合は、あなたの周り、そしてあなた自身にもそのネガティブな波動が浸透して気分が悪くなるでしょう。

喜びや愛、感謝を心がけて伝えている人は自分自身の波動も清らかに浄化し、不平不満や悪口ばかり言っている人は、自分自身の波動を汚し、気分も害しているのです。

その状態が続くと、心も体も病気になってしまいます。

「ありがとう、感謝しています、おかげさまで、私はできる」、という気持ちで生き、美しい波動の言葉を発している人と、「最悪、つらい、だれかのせいで、どうせ私なんて」という気持ちで生き、淀んだ波動の言葉を発している人では、10年後の未来に大きな差が開くことでしょう。

ついうっかり悪い言葉を感情的に口走ってしまったら、素直に「ごめんなさい」と伝えましょう。そして、「ありがとう」に変えるのです。「しなさい、だめ」と命令口調になってしまったら、「一緒にしよう、やり方を変えてみようか」と、投げかける言葉に変えるのです。相手を縛らずに、調和できる言葉を選ぶのです。

あなたの人生はあなた自身が
紡いでいるのです。
意識であり、言葉であり、
目に見えない部分こそが、
壮大な鍵を握っているのです。

　このように、言葉のもたらすエネルギーは嘘をつきません。

　無意識に使える言葉だからこそ、気を付けなければなりません。言葉を発するだけではなく、メールやSNSなどの活字も、いいエネルギーを流すようにしたいものです。冗談でも、気軽に人を傷つける言葉をメールで使わない。活字のエネルギーというものは強いですし、形になって残るからです。昨今では、インターネット上に他人の中傷を簡単に無名で投稿できるようになってしまいました。

　これは、現代社会が抱える負の遺産です。

ありとあらゆる情報が、
活字を読むだけで心が浄化されるような
ものであって欲しいものです。

　世界が喜ぶ美しい言葉を一人一人が使っていける世の中になることを心から祈ります。

あたらしい世界への鍵

あなた自身とのつながりが、世界とのつながり。

あなたが愛せば、世界は愛になる。

あなたが一歩、踏み出すだけで世界は変わっていく。

あなたと出会う人が、あなたをまた成長させていく。

出会う人を、引き寄せているのも、またあなたの心。

だから、心をきれいにしよう。

あなたの人間関係が浄化されたものでありますように……。

Chapter4

お金と仕事の浄化

仕事を愛し、
独創的に生きたい人へ

あたらしい価値観で
経済を彩る

あなたはお金が好きですか？

　もちろん、胸を張って、「好き！」と言っていただいて結構ですよ。だって、お金を自らゴミ箱へ捨てる人は見たことありませんもの。

　皆、きっと、お金が欲しい、という思いは持っていることと思います。だって、生活をしていく以上は、最低限のお金がないと成り立ちませんから。

　いくらほとんど自給自足で生きていくとしても、医療費や住民税、緊急時のためのお金は必要です。

　お金の心配というのは、生きていく以上、つきものだと思います。

　しかし、お金というものに対する思い込みを浄化すると、感じ方、使い方が変わり、自分に必要な分だけのお金を得ることができ、経済的な心配が不要になります。

　そして、お金を得るためには「仕事」をしていく必要があります。

　日々の仕事は、少々辛いことがあっても、お金のためにしているという人が多いでしょう。いや、殆どの人が、お金のために、嫌々色んなことを我慢して仕事をしている状態かもしれません。

ここで「仕事」への思い込みを浄化すると、嫌々生活の為にする生活から、才能を発揮し、自己実現しながら社会にも貢献できる生活に変化していきます。

1日の労働時間が8時間とすると、1日の3分の1を仕事に費やしていることになります。そこまでのウェートを占める時間が、嫌な時間から素敵で有意義な時間に変わったら、人生は劇的に変化するでしょう！

すべては、あなたの心次第です。

さあ、あなたもお金の問題に振り回されることなく、独創的に生きる心の旅の準備はできていますか？

お金を追わず、今を全力で生きる

お金はヒーラー、すべてお見通し

　お金は、目に見える物質ではありますが、目に見えないエネルギーも一緒になって漂っているものだと思います。それは、人の想いだったり、記憶だったり……。

　お金はまわりまわって今、あなたのお財布に入っています。
貯金通帳に入っています。
「あなたの」お金も、やがてはものやサービスと交換され、またどこかへ旅立っていくのです。

　お金のやり取りは、物質の交換ではなく、生きたエネルギー

の循環です。

一円玉の旅がらす、という歌がありましたが、本当に、お金は全国全世界津々浦々、旅をしているんです。

旅をしながら、色んな人に出会って、色んな人に握りしめられ、世の中を渡り歩いていくんです。お金こそ、生粋の旅人なのです。お金はただの紙や硬貨ではなく、多くの人のエネルギーを吸って、透視するヒーラーです。あなたの心もお見通しですよ。ただ昨今では、お金がデータとしてやり取りされることが主流になりつつありますから、物質というよりエネルギー体といった方がよりしっくりくるでしょう。

いいお金は、自然に生きている人が好きです。

この、「自然」というのは、自分の使命を理解して、そこに生きがいをみつけ、全うしている人のことです。自分の好きなこと、極めたいことを、だれよりも努力する姿勢で一生懸命向かっていき、精進し、技術を上げ、世の中に貢献している人です。

お金を追わずに、与えられた日々を全力で生きる人の姿にはだれもが心打たれるでしょう。
いいお金は、いい人が好きなのです。
いい人から触られたいし、いい人のいる世界の空気に触れたいのです。その「いい」という感覚は、「愛」があるという感覚

147

です。お金は愛に触れたいのです。

お金が欲しい欲しいと、がっついて、追うばかりの人の元に行こうとはしません。

なぜなら、そういう人のところへ行っても、握りしめられて息苦しいからです。そして、居心地の悪い場所へ連れていかれて、悪いエネルギーを吸うことになってしまうからです。こういった時、やってくるお金はいいお金ではなく、悪いお金です。

大抵、人がお金ばかりを追う時、
心に余裕はありません。
心の不満をお金で解消しようと
しているだけなのです。

お金があれば、これが買える。これを買えば、私は変わる。でも、もっと深層部の心の根っこから変えていかないと、いつまでたっても、同じことの繰り返しです。

自然に生きていれば、経済は自分でコントロールできます。必要な時に、必要な分のお金が入ってくるようになります。自分の身の丈に合った自然な経済を循環させる。これが、お金と仲良くする秘訣です。身の丈以上を無理に追い、自分の力量以上の報酬を求めるのは、不自然です。

お金をブロックしているのは、あなた自身です。

あなたがあなたをお金の縛りから解放してあげない限り、あたらしい価値観は生まれてこないでしょう。

お金があなたを縛っているのではない、あなたがお金を縛っているのです。

＊ちいさなひみつの種＊

お金はエネルギーですから、自然に身をまかせ、あなたがあなたらしい働き方をしていけば、おのずとあなたらしい独創的なお金の流れが生まれます。その流れをつくれるのは、あなた自身です。だれかがしてくれるわけではないのです。

・・・・・・・・・・・・・・・・・・・・・・・・・・・・・・・・・・・・・・

お金と仕事の浄化への鍵！

お金を追うのをやめて、今ある仕事に感謝して一生懸命尽くしましょう。

浄化効果 up!! アファメーション

わたしが素直に今に感謝し、与えられた使命を全うしていれば、自然と必要な分だけのお金を受け取ることができます。そして、お金を受け取れて感謝しています。わたしは、お金で苦労せず、自己実現しながら豊かな人生を送ることができます。

お金を惜しまずに循環させる

可愛いお金には旅をさせよ！

　お金は旅人のように世界中をめぐりめぐって、あなたのところにやってきます。

　そして、いずれは別れていく。その繰り返しです。ほとんど一期一会。

　お金はつねに循環する動的なものです。血液や水の流れのようなものです。ずっと流れ続けていないと、淀みます。

　お金の流れも一緒です。ずっとあなたの元にとどめておくと、やがて淀みます。お金に付着しているエネルギーが淀むのです。お金を淀ませてマイナスのエネルギーにせず、プラスのエネルギーで光るお金にしてあげましょう。

お金も生き物ですから、もっと色んなところに旅して、色んな人のいいエネルギーに触れあいたいはず！

だから、あなたのそばだけに留めて置かないで、積極的に旅させていきましょう。

お金を手放したくない、手放したくない、という強い思いは執着です。
言い換えれば、「わたしは新しいお金を得る自信がありません」と宣言しているようなものです。

お金をもっと自由にさせてあげましょう。

お金を動かす場合は、ぜひ、いいエネルギーの場所へ届けてあげてください。

感じのいい場所、人のところです。愛にあふれた、「気」があたたかいところです。

あたらしいものを「得る」ためには、積極的にいい気分で「与えたり、手放す」ことが何より大事です。

　お金の心配をこれっぽっちもしていない人は、大抵、与え上手です。いいお金との付き合いが多く、お金を喜ばせる使い方をしています。今入ってきたお金を今度はあの人のところへ連れていこう。あの人の素敵なエネルギーを与えてあげよう。という感じで。

お金を手放す時も、喜んで愛情もって手放すのです！
いい気分で、お金を循環させるのです！
お金を得るためには、「働く」必要があります。

この世界には、
「働く」＝「与える」＝「受け取る」
という法則があります。

　働くことは、与えることなのです。与え上手な人は、仕事好きともとれます。決して、奪うことなく、与えることができる人です。その結果、対価としてお金というエネルギーを受け取ることができるのです。
「働く」ことに対して、ネガティブな思いがあり、いつも仕事で苦労しやすい人は、「働く」を、「与える」に変えてみましょう。

　すると、与えたいことの延長戦上にある仕事を選ぶようになりますから、自然に自分の才能を発揮しやすくなります。また、

喜んで与えられる人は、受け取り上手でもあります。

　ちなみに同じお金でも、なんだか、気分が悪くなるようなお金も中にはあります。釣銭などで手にするお金が、詐欺で手にしたお金だったり、盗まれたお金であったり。そういったお金とつながらないためには、「気」が淀んだ場所に行かない。波動の悪いギャンブル店に入らない。(不自然な金銭欲のエネルギーの場所)、欲が深すぎる人（現状に不満が多い人）が集う場に行かないなど、気を付ける必要があります。

　執着した心で、凝り固まった状態で欲しい欲しいと思っても、手はしっかりお金を握りしめていますから、これ以上入ってきません。

　なんでも、一緒です。水も血液もお金も、清らかな流れをつくってあげることで健康でいられるのです！

お金と仕事の浄化への鍵！
お金を喜んで手放し、愛する人や素敵な人に循環させていきましょう。

浄化効果 up!! アファメーション
わたしは今あるお金に執着せず、必要な人のために、喜んで手放します。それによって、幸せなエネルギーが広がり、わたしの心も豊かさが受け取れます。

愛ある自然な仕事を選ぶ

純粋とは、どんな状態でもしたいという思い

　あなたは今の自分の仕事を愛していますか？

　仕事は本来、与えたい！という喜びの元、動くものです。それが真意です。

　仕事により、喜びを感じ、健康になり、成長でき、自分の為にも世の中のためにもなる。それが自然な仕事です。愛ある仕事です。

　仕事により、病気になり、不幸になり、老化し、だれのためにもならないのは、不自然な仕事です。愛なき仕事です。今一度、あなたの今の仕事がどうか確認してみませんか？

導かれる自然な仕事とは、努力に努力を重ねて、とか、試行錯誤して、とか、力んで、無理をして、なんとか頑張って頑張って競争に打ち勝ってようやく出てくる……というよりは（時にはそういう時間が必要な時もあるかもしれませんが……）、勝手に止まらないほどのひらめきが溢れて、体がそのパワーに押されて、気付いたら集中していて、結果、努力したことよりも高い成果を上げていた、という感じだと思います。

　なにか、自分以外の強烈なパワーによって導かれているというか、流れに乗っているというか、その強烈なものによって突き動かされている感覚のある仕事を、天職と呼ぶのでしょう。そのパワーこそ、情熱であり、愛です。

　好きで楽しくて知りたくて、夢中になってやっていたら、結果努力したということになっていた、という感じのものです。好きな分野で自分の能力が活かせて、それを自分の好きなようにいくらでもやっていいと言われたら勝手に150%ぐらいは実力が出てしまうものと思います。本来これが自然な姿です。お金のために、とか、安定とか、保証とか、そういったことを一切追うことない世界です。

　この世の普遍な法則として、愛からはじまることが、すべてのはじまりなのです！

　この生き方ができないと、病気になったり精神を病んだりし

ます。それを補おうとして暴飲暴食になったりアルコール、ギャンブル、恋愛にのめり込んだり、余計軌道修正が難しくなってきます。ただ、好きで始めた仕事でも、人間関係や組織変更、会社の事業変化などで嫌いになったりもあるでしょう。でも、ここは山場。乗り越えるべきだと思うのです。

仕事が手段ではなく、「生きがいそのもの」である人生は美しく、幸福です。
年齢を超えて、一生かけて手掛けていきたいような「生きがい」を探すことが、天職につながるでしょう。

好きなこともわからなくなるほど、道を見失っている場合は、あえて、苦手なこと、面倒なこと、人がやりたがらない仕事を積極的にやってみましょう。仕事ではなくても構いません。トイレ掃除、草取り、ゴミ拾い、靴磨き、庭掃除など、日常でできることはたくさんあります。迷っている時こそ、足元を見るのです。

一見、自分が避けていることにこそ、真理があります。苦手なことに従事するからこそ、その反対側にある「好き」が浮かび上がるのです。迷ったときは、逆のことをする。これが、軸を知る方法です。
最後は「好きだ」というエネルギーが、あなたを動かしていくんだと思います。
突き動かされるエネルギーが原動力です。この原動力こそ、

ほかならない「愛」です。だから、負けないで。「愛」ある仕事は自然にうまくいきます。

迷ったら、いつでも、
「愛」や「好き」「楽しい」
「ワクワクする」方を
選んでいきましょう！

＊ちいさなひみつの種＊

あなたの心はいつだって素直です。心がワクワクと動くほうへ、向かっていけばいいだけです。愛があるかないか、それだけ。余計なことを考えずに、シンプルに生きていきましょう。

お金と仕事の浄化への鍵！

あなたが心からワクワクする、愛ある仕事を選びましょう。

浄化効果 up!! アファメーション

わたしは心から満足できる好きな仕事で生きていくことができます。愛の状態で仕事に取り組み、自然に能力や才能を発揮することができます。その仕事が自分の為にも、世の中のためにもなることに感謝します。

お金で買えないものの中に大切なものがある

　お金で買えるもの、サービスに満ち溢れた消費社会の世の中。人は常に欲を刺激され、お金を追い、時間を短縮させるためにお金で物事を解決しようとしてしまいます。

　しかし、むやみにお金を追いすぎると、大切なものを見失ってしまいます。

**　お金で買えるものはたくさんありますが、実体のないものは買えません。**

**　たとえば、精神的な豊かさ、愛、思いやり、幸せ、テレパシー、知性、感性、才能、波動、バランス感覚、五感、家族、**

友人、つながり、絆、信頼、など……。

　まだまだあるけれど、目に見えないものすべてがお金では買えません。（以上がもしお金で買えるという場合は、おかしな話であること間違いなしです）

こうやって書いてみると、
なんだか、お金で買えないもののほうが、
価値のあるような気がします。

　お金で簡単に買えるものは、問題や不満を表面的に解決できるようで、根本的には解決できていないことが多いです。その場では解決できたような気がしても、根っこの部分の解決になっていないため、時間が経つとすぐにまた不満に逆戻りします。お金で買える物質というものは、所有していることに慣れてしまうからです。

　根本的に問題を解決したかったり、心を満足させたかったら、お金では買えないエネルギーに目を向けてみましょう。世の中には、お金で買うことのできない大切なもので溢れているのです。メディアの戦略や広告に惑わされず、しっかりとした眼力を持ってサービスを見極め、心の問題は自分が解決していくことが大事です。そして、お金を追いすぎることが目的になってしまうと幸せになれません。

目的が、人を幸せにすることなのか、お金がただ単にほしいだけなのか、その動機の違いで、人の人生というのは大きく変わります。

何をするときも、
純粋な動機があるかどうか、
これを見極めることが大事です。

お金に首を絞められ、苦しむ人は世界中にたくさんいます。

お金がない苦しみもそうですが、お金を追う苦しみのほうが、虚しく、辛い気がします。

お金と仕事の浄化への鍵！

お金では買えないものの豊かさを感じ、感謝しよう。

浄化効果 up!! アファメーション

わたしはお金にとらわれず、執着せず、追わずに、今ここにあるもので十分に満足することができます。お金では買えないものの中に人生の喜びや感動があること、そしてそれは常にわたしのまわりにあるということに気付き、感謝します。

寄り道、
遠回りを
楽しむ

さまよう楽しさ、さまよえる豊かさに気付く

　常に周りの流れに押され、自分自身の本当の生き方を見失い、忘れかけてしまっている人というのは意外にも多いような気がします。

　情報や人が多すぎて、混乱してしまい、自分にとって何が大事なのか、自分の今世の役割は何なのか、考える隙すらない状態かもしれません。でも、せっかく生まれてきたこのいのち、ただ流されてなんとなく生きていくのではなく、本当の自分に気付いて、役割を全うし、世界を変えていく方が、日々の糧となり生きがいにつながるのではないでしょうか。

　なぜ、流されてしまうのか。

それは仕方ありません。現代は、超情報化社会。早さが良し！とされる時代ですから。

なんでも早いことがステータスになり、早さが魅力的なサービスになってしまっていると思います。手紙がメールになり、実店舗がネットショップになり、いつでも人と気軽に連絡がとれ、レスポンスも本当に早くなりました。コミュニケーションも、その分、加速して、たくさんの人とつながっては、同じように、離れていきます。すごいスピードで。

でも、早ければなんでもよし、で失っている大切なものも多いのかもしれません。

皆が皆、時間と目的に忙殺され、息をしっかり吸うことも忘れて時間を駆け巡っています。

あまりに、早く激しく、瞬間移動のような人生です。

でも、それゆえ時間は短縮しているかもしれませんが、大切なインスピレーションを見失っている可能性が高いのです。

いや、**時間を短縮するからこそ、真意にたどり着けないのです。**

合理的に、無駄を省き早さを求める直線的な生き方ではなく、もっと曲線的で想像力のある生き方にあたらしいヒントがあるような気がします。

　遠回りになる、いつもとは違う道を歩いてみるだけで、違う世界のようなあたらしい発見があるものです。「早いから」「合理的だから」という理由だけでいつもと同じ道ばかりを選んでいても、不思議なひらめきは降りてきません。ただ時間が短縮されるだけです。

　急いでいる自分に気付いたら、深くゆっくり深呼吸して気持ちを切り替えます。

人生に迷ったら、あえてペースを落として一歩一歩のあゆみを大事にします。

　人生の趣を少しでも変えていきたいなら、**だれも通らないような細い路地裏や、体の負担になる急な坂道、長い階段、もう一生通らないだろうと思うような道でも通ってみるのです。**
　意外にも、そういった「穴場」にこそ、人生の秘密の鍵は眠っているのです。

　さまよう楽しさ、そして、その延長線上に、思いがけない、「奇跡」があるのです。
　そう、「奇跡」とは意外性の連続なのです。

もっと、力を抜いて、
自然体に生きたほうが、
かえって近道なのです。

　自分だけの寄り道を、余裕を持って、もっと楽しんでください……。

＊ちいさなひみつの種＊

自分の夢や目標がわからない若者が増えているのは、情報量が多すぎるからかもしれません。なんでも簡単にできて、手に入ってしまうのは、近道なようで相当な回り道なのです。

・・・

お金と仕事の浄化への鍵！

急ぐのをやめて、寄り道する時間も楽しみましょう。

浄化効果 up!! アファメーション

わたしは寄り道する時間も自分の大切な時間と思い、尊重します。何気ない無の時間のすき間にこそ、あたらしいインスピレーションが浮かぶことを信じます。わたしにとって必要な啓示が必要なときにやってくることに感謝します。

安心して
休む

休息時間は心のビタミン

人生、だれでも生きていれば、
どこかで目の前に大きな壁が
立ちはだかることがあります。

　その壁をうまく乗り越えられたときはいいですが、もし、乗り越えられなかったとき、頑張っても頑張っても壁が高かった場合、酷いときには岩が崩れ落ちてきているなんて場合、あなたはもしかすると、お休みをしてエネルギーをチャージする必

要があるときなのかもしれません。

　人は、頑張りすぎることに慣れると、本当に体も頑張って無理をしていき、心も体も一緒になって、一致団結します。でも、それがピークに達したとき、突然、「プツン」と何かが切れるような音がして、ぐらぐらぐら……と、足元がおぼつかなくなってしまうのです。仕事で頑張りすぎた長い間のストレス、我慢、感情の抑制の爆発です。

　こういったときは、体と心があなたに SOS のサインを出しています。そのサインを静かに受信して、頑張ったあなた自身から、リリースさせてあげましょう。
　そう、もうリリースしてもいいのです。そういう時間がやってきたのです。

**　お休みを自分に与えることって、非常に尊いことで、自分へのやさしさを感じる行為だと思います。**
**　何もしない時間、何もできない時間は、決して、決して、空っぽの時間ではないとわたしは思います。むしろ、そんな時間ほど、実りのある、後々の人生に大きく響いていくものも、少ないのでは、と思うほどです。**

　激動の時間を過ごしてきた人ほど、休息の時間は、無のような静けさを感じるでしょう。こんなにも、世界は静かに動いていたのか、と、感じることさえあるでしょう。
　静かに休むからこそ、自分の息づかいを感じる余裕が出てき

ます。

　窓の外から聞こえる自然たちのメロディーに耳を澄ませることもできます。

　休むからこそ、また動き出せるのです。無言の時間が、静かな時間こそが、繊細な体の声、そしてあなたの内側の声に気付いてあげられる時間となるのです。

　皆が必死でつかまっている流れの早い時間から、勇気を出して手を放してみるのです。

　手放せば、心のわだかまりも泡のように消えて、体は羽が生えたかのように軽く、自由に空を舞うことができるのです。

休息は、心と体の栄養素です。
ビタミンのように、
リフレッシュできるのです。

　休むから、若返る。外見も、内面も。感情も、思考も。
　あなたが刷新する必要があるからこそ、休息時間という貴重な時間を与えられるのです。

　安心して、休んで、大丈夫なのです。

お金と仕事の浄化への鍵！

休む時間も自分に与えてあげましょう。

浄化効果 up!! アファメーション

わたしの体と心が限界を感じる前に、素直にしっかりと安心した状態で休むことができます。休む時間と心の余裕があることに感謝します。

「頑張る」前に「愛してみる」

頑張らなくて大丈夫。「全部含めて、あなたである」

　ちいさいころから、私たちが色んな人に言われてきた「頑張る」という言葉。その「頑張る」には、色々な思いが入っていて、前向きで前進力のあるときに使うこともあれば、期待を背負って責任を感じているときに使うこともあります。

「頑張って」には、やさしさ、気遣いから生まれる「頑張って」もあれば、人を責め、圧力をかける「頑張って」もあります。

　未来のために頑張りたい能動的な頑張りと、義務や自己犠牲から頑張らざるを得ない受動的な頑張りは、同じ頑張りでもちからが違います。

170

頑張ることがプラスに働くときもあれば、マイナスに働いてしまうときもあります。能動的で自然な頑張りは、人の意識を向上させ、活力をもたらします。

　自分のちからに加え、たくさんのひかりの粒子が背中を押してくれるため、心が軽く、体もスムーズに動きます。

　しかし、受動的で過剰な頑張りは自分のちからが異常な力みを帯びているため、無理が生じ、体は不自由になり重く、心を凝り固まらせ疲弊させてしまいます。

　私たち日本人は、仕事にしろ、勉強にしろ、趣味にしろ、家事育児にまで、何かと、頑張りすぎてしまいがちです。競争社会で生きる方にとっては毎日が戦いのようでもありますし、無理をすることが当たり前になってしまっているでしょう。

　そんな世の中ですから、頑張らないようにするのも頑張らなければできませんね。

　こんがらがってしまいますが、何事にもつい肩の力が入り、必要以上に力むと体も心もこわばって、カチカチになり身動きが取れなくなってしまいます。なめらかな柔軟性が落ちて、気が滞ってしまうのです。そう、「頑張る」の文字、「頑な」に「張りつめた」状態です。その状態が続くと、体も心も重い鉛を背負っているような苦しさが生じます。

　もしかすると、この本を読んでいる今のあなたも、肩、全身に無理な力が入っていませんか？神経が張りつめた状態ではあ

りませんか？それは、普段から時間や、やらなければならない
ことに追われ、力む癖がついてしまっている証拠です。

　本を読んでいるときぐらいは、肩の力をぬいてリラックスし
て、素の自分を受け入れてみませんか？

頑張らなければならない！は
自分の心が生み出した
プレッシャーです。

「だれかが見ているから、だれかの為に、だれよりも頑張って
なきゃいけない」

　その「決めつけ」が暴走すると、

　頑張らなければ、評価されない。

　頑張らなければ、褒めてもらえない。

　頑張らなければ、受け入れてもらえない。

　頑張らなければ、愛されない。

　という方程式が脳内に埋め込まれてしまいます。

　この決めつけは、幼少期に母親との関係で生まれることが多
いです。母親が頑張ったときだけ結果を残したときだけ評価し
てくれた、などの記憶からです。

　こんな人生は大変です。ずっと鉛を背負ったまま笑顔で汗水
たらして、自分のキャパシティ以上の労力を使ったとしても、
周りの評価がなかったら、報われないのですから。

　もしも心にこういった癖を持っている場合、一度その「頑張

らなければいけない！」という思い込み、呪縛から逃れてみましょう。

わたしは思います。
いいんです。あなたが、生きているなら。
なまけても、いいじゃないですか。
休んでも、何もできなくても。
自分がそれで保てるなら。

頑張りすぎは、心に歪みをもたらします。

独りよがりになりやすく、他の人を否定しやすくもなります。

自分ばっかり大変な思いをしているとみじめに思ったり、こんなに頑張っているのにわかってくれない、と責めたり、辛い感情もでてきます。頑張りすぎる癖がある人は、頑張らない努力をしてみましょう。

頑張る癖が出る前、体中の筋肉をぎゅっと絞って力んでしまう前に、いったん深く、深く深呼吸して、緩んでみる。体も心も緊張から解放させてあげる。

頑張る前に愛してみる。
あなたの細胞ひとつひとつ、
安らかに愛してあげる。

そうすると、不思議とゆとりができて、自然と自分自身や周

りとうまくつながっていきます。休んでもいい、怠けてる、逃げてると思われてもいい。批判する人は大体問題を抱えています。だから安心して自分のペースで、てくてく行きましょう。

　　大丈夫、頑張らなくて、大丈夫。
　　すでに毎日、生きているだけで、
　　十分にあなたは、頑張っているのです。
　　それだけで最高、
　　それ以上は、求めなくていいんですよ。

　　弱くても、大丈夫。
　　失敗しても、大丈夫。
　　それこそが人間、それこそがあなた。
　「全部含めて、あなたである」

　完璧な自分を見せたいと頑張りすぎて、自分の能力以上に自分を繕わず、虚勢をはらず、できない自分、足りない自分も愛してあげてくださいね。それこそが魅力になるのです。

　　あなたに「ない」部分こそ、最大の魅力になるのです。
　　埋めよう、埋めようと無理をせず、足りないことを愛おしいと感じてみてください。

　全て自分で背負って無理するのをやめてみたら、協力してくれる人が増えてシェアできる喜びが生まれます。過度な力みを

手放し、ゆだねることも必要。

　陽のちからだけで気を張って頑固に生きるのではなく、陰の**ちからも借りて、調和しながら生きていく。人間関係も仕事も、陰と陽のバランスを調整しながら紡ぐことが大切といえるでしょう。**

お金と仕事の浄化への鍵！
頑張りすぎる前に、自分を愛せているか確認しましょう。

浄化効果 up!! アファメーション
わたしは必要以上に力むことなく、素直に自然に自分の力を出すことができます。評価や見返りを期待せず、したいことを喜んで果たしていきます。常に自分自身、行動を愛し、愛によって動いていけることに感謝します。

あたらしい世界への鍵

　あなたは、ただ、自分の心の声を聴くだけでいい。
　世間体や、人の目で生きる道を選ぶ必要はない。
　あなたがやりたいこと、心が喜ぶことを選んでいけばいい。
　それがいいお金となって、あなたにやってくる。
　そのお金はまたいい人のところにいって、あなたは輝ける。

　あなたのお金と仕事が浄化されたものでありますように……。

太陽の瞑想浄化

Special Ascension

日々の生活を通して
取り入れられる
瞑想法で、
あなたも浄化体質に！

　まず、日常生活から瞑想を取り入れるやり方として、洗濯をし、干した洗濯物を取り込み、たたみながらできる方法をお伝えします。毎日生きる上で必要な洗濯という行為が、日々を丁寧に生きる練習に役立っていくのです。

身近なものに感謝しながら、扱うことが、人生を大切に扱うことにもつながっていくのです。

呼吸を落ち着かせて、穏やかな気持ちを整えます。

　まず、洗濯物の汚れをチェックしていきます。この汚れととともに、自分のネガティブな感情も水で洗い流すイメージをします。洗濯物を分類しながら洗濯機に入れ、洗濯を開始します。もちろん、やさしく手洗いするのもいいでしょう。（丁寧に手洗いする方が、瞑想には効果的です）洗いあがったら、洗濯物を干していきます。

　晴れた日の朝であれば、みずみずしいひかりのエネルギーを感じ、体にしみこませ、丁寧に干していきます。朝の音やにおい、温度にも意識を向けます。衣服には、美しい太陽と風を浴びてもらいます。

**　太陽や自然のエネルギーを衣服に吸収し、着た人がエネルギーを充電できるよう気持ちをこめて干します。**

　チェックした汚れが十分に落ちているかも確認します。しわを伸ばしながら、きれいな姿でハンガーにかけます。洗濯物が乾いたら、取り込み、たたんで収納していきます。取り込むときは衣類に吸収された太陽のにおいもかぎます。

　清潔でゆとりのある場所に座ります。可能であれば、正座になりましょう。

　ひとつひとつの衣類を丁寧にたたんでいきます。折り目正しく、形を整えながらたたんでいくと、心まで整っていきます。雑念が消え、シンプルな思考になり、迷いも減っていきます。

　端と端をそろえてたたむという行為は、ものをあるべき姿勢に保たせてあげることです。

いつもいい姿勢でいれば、
エネルギーが流れやすくなるのです。

　このとき、自分が日常でおろそかにしていることや手を抜いていることがあれば思い出し、気付いてみます。そして、これを機に今まで手を抜いていたことを丁寧にしなおすように心を変えてみる決心をしてみましょう。

　たたみ終わったら、所定の位置に収納します。
　収納するまで、ひとつの行為に意識を集中させ、この瞑想を終えます。

　この瞑想を取り入れて、毎日の洗濯の作業は面倒くさいという考えから脱却し、自分の軸を安定させ、気持ちも清らかに浄化させていく貴重な時間に変えていきましょう。

食べ物に愛を吸収させる料理の瞑想

料理によって五感が研ぎ澄まされ、豊かな感性が生まれる

　ひとり暮らしの方、家族が留守中に料理をすることがある方が取り入れやすい、料理の瞑想を紹介します。

　料理をひとつの瞑想の儀式としてとらえ、ひとつひとつの動きに意識を集中させると、五感が研ぎ澄まされ、集中力が強くなり、豊かな感性が生まれます。

　ひとつのことに集中することができず落ち着きがない方、焦りやすい方、気持ちが散漫になり気味な方、思考してばかりな方は、料理瞑想を通して、集中力と感性を鍛えてみましょう。

まずは、料理をする前に、いのちとなる源を与えてくれた食材に感謝し、手を合わせ、一礼します。食材を作ってくださった自然にも感謝しましょう。

　例えば野菜であれば、この野菜の生産者の方の日々の努力も想像して感謝します。

それが、丁寧にものを考え、
感謝するということです。

　瞑想の基本である、体の軸を整えます。背骨をゆっくり気持ちよく伸ばし、土台である足の裏を安定させます。左右バランスよく重心を置きます。穏やかな気持ちで呼吸を丁寧にします。食物のエネルギーも頂きながら、呼吸して、心を整え、良い気持ちで料理に取り掛かります。

　いつもより、食材を丁寧に扱います。食物を綺麗に水洗いし、流れる水の音、はじく水滴にも注意を払います。切るときも、いのちの音を聞いて、頂けることに関してありがたくゆっくりと包丁を動かします。調理器具も丁寧に、やさしく扱い、五感で料理を感じるのです。

　愛情込めて炒める、煮る、茹でる際の香りの変化、ぱちぱちという油の音、千切りのときのリズミカルな音、野菜特有の触感、新鮮な彩り……。

　こんなにも、料理をすると五感が鍛えられるのです。この一秒一秒を味わうことで気持ちが満たされます。

気持ちを込めて扱われた食材は
エネルギーが強まり、
食べる人の精神を前向きにさせます。

　調理後の後始末も瞑想を取り入れ、五感を感じながらきれいに磨き、汚れを落としていきましょう。毎日、忙しい気持ちで焦りながら作る料理と、瞑想の料理との感覚の違いも観察して、感謝してこの瞑想を終えます。

　この瞑想を普段の生活に取り入れることで、焦ってばたばたしながら料理したり、時短料理で手を抜くことも減り、**あなたや家族の心の糧としての「食」の尊さを今一度強く感じることができるでしょう。食への意識が強くなることで、健康にもつながり、精神的にも幸福感が高まって満足感のある人生になっていくでしょう。**

五感で味わい
幸福感を
高める
食事の瞑想

毎日の食事に瞑想を取り入れ感謝が当たり前になる

食事は、私たちが生きる上で欠かせないものです。

町に出れば、豊かな食に満ちていて、食べる物を決められないほど、種類に溢れています。食べることは、当たり前だから、無頓着になってしまいがちですが、お腹が減って、食べ物があるということは、貴重なことなのです。普段から断食する期間を設定しているような方々にとっては、食べ物への感謝の心が常にあるでしょう。

この瞑想では、日々の食事のとり方を丁寧に行うことで食という概念を自分なりに浄化していきます。

あなたが食事中に感じること、
そして食物への感謝の心が、
あなたなりの浄化になるのです。

　まず、食事をする前に目の前の料理に感謝の気持ちをもって一礼します。

「頂きます」という日本語は、食物、自然のいのち、そして生産者の方、料理をした方への感謝と尊敬の気持ちが込められた美しい言葉です。

　手を合わせて「頂きます」と伝える。当たり前に行っていることですが、儀式のように美しいことです。

　この瞑想では、この手を合わせるときに、いつもより長い時間、祈るように感謝をします。瞼をとじて、集中して、いのちに感謝する時間をとるようにしてみましょう。

　一礼が終わったら、ゆっくりと頂く行程に入ります。

　決して、がつがつと焦って食べずに、背筋を伸ばし、いい姿勢でゆっくりと味をかみしめながら頂きます。料理の色、香りをじっくりと感じて、視覚、嗅覚を研ぎ澄ませ、味わいます。触感を感じるために、手で直接食べるのもいいでしょう。例えば、お寿司は手で食べることによりおいしさが増すように作られています。

　そして、よく噛み、いつもより、時間をしっかりとかけて咀

嚼します。

　口の中で、ひとつの味が咀嚼によって変わっていくのを体感します。

　味わう、堪能することを、静かに行います。丁寧に咀嚼する、「音」を感じることも、感性の発達に欠かせません。静かな場所で目をとじて味という世界観に五感で浸ればそこはあなただけの聖地になります。

　しっかり咀嚼することで消化がよくなり、体は軽く、エネルギーも全体に行き渡り、体調も安定します。

　食べ終えたあとは、その味わいの余韻に浸るように感謝をします。「ごちそうさまでした」と一礼をして、この瞑想を終えます。

　大事なのは、どれだけたくさんのものを食べたか、ではなく、少量でも、

どれだけ感謝しながら
ひとつの素材を味わって、
丁寧に頂いたか、です。

　ただおいしいおいしいと、欲望のまま過剰に早く食べ過ぎて

しまうと、体に負担がかかり、消化力が弱まり、エネルギーの循環も悪くなり、結果不調を招きます。

これは体の不調だけでなく、心の不調にもつながっていきます。

体の浄化を求めるなら、日々の食事の仕方から変えていく必要があるでしょう。

食事の瞑想を日常に応用していくと、消化不良が減り、今あなたの体が本当に欲しているエネルギーと量がクリアになっていきます。あなたの繊細な体の声が鮮明に響くようになり、食べ過ぎの防止にもなります。食べる前に、まず体の声を聴くこと。あなたは本当にお腹がすいていますか？無理して消化しきれない量を食べて、不調になる前に、自分の体に適正な量が分かっていることが大事です。

しっかりと一秒一秒を食事に集中して感謝することは、この宇宙のなかの地球で生かされているうえでの基本中の基本なのかもしれません。

歩く瞑想で
すすむ
原動力を

一歩一歩丁寧にあゆめば道は開ける

　次に、動きながらできる瞑想、歩く瞑想をお伝えします。
　歩く瞑想は、考え事をして想念でがんじがらめになったとき、ひとつのことに縛られてマンネリになったとき、決断力が低下したとき、悩みがあるとき、心がもやもやして晴れないときなどに有効です。

　気持ちが凝り固まっているときこそ、体を動かすことで、心もほぐしていきましょう。

　歩いて体を動かせば、凝縮した体内のエネルギーも分散され、

動きがなめらかになります。筋肉は使うことでしなやかになります。自分の肉体をほぐしてあげる思いやりを持って歩く瞑想をおこないましょう。

　歩く場所は騒音や人混みを避けて、自然ある場所、広く歩きやすい道を選びます。
　都会に住んでいて自然が少ない場合は、人の少ない早朝に歩くのが良いでしょう。早朝は朝日も浴びることができ、爽やかで前向きな気持ちになります。

　歩く服装は、締めつけのないゆったりとしたもので、呼吸が深くおこなえるもの、履き慣れた靴を選びます。歩く前に瞼をとじ、ゆっくりと深呼吸をして心を統一させます。
　肩の力を抜いてリラックスします。全身の余計な力みを手放します。
　歩く瞑想では、ゆっくりと一歩一歩着実に踏みしめることを意識します。
　足の裏の感覚に注意をはらい「今ここ」に、集中します。
　自分の足が大地から離れていくことをしっかり感じましょう。
　ゆっくりと一歩進むために、大地から足を離すのです。
　スローモーションと思うぐらいゆっくり動かしてみましょう。
　かかとを離し、つま先を離し、片足が大地から離れていく感覚を味わいます。

　片足で立ったときの重心の足の裏の熱量も観察します。

　離した足は、かかとから、小指球（小指の付け根）、そして母指球（親指の付け根）の順番で大地に踏みしめていきます。足の裏をしっかり均等に大地に吸い込ませるようなイメージで、バランスよく大地を踏みしめていきましょう。

一歩一歩進んでいくことだけでも、
自分の軸をつくり、
今に集中する練習になるのです。

　歩くときに感じる体の感覚、変化だけでなく風の温度、緑のにおい、音も感じます。自然のなかで、自分が呼吸しながら一歩一歩、歩いていけるという喜びを感じながらおこなうと、肉体だけでなく、心もともに、ほがらかに浄化されていくのです。

　この歩く瞑想を繰り返していけば、当初の悩みも気付いたら思考から外れ、歩くという行為そのものに集中して、時間を忘れているでしょう。

　悩んだときは、悩みの渦にこれ以上巻き込まれないためにも、体を動かし、歩行に注意をはらって一歩一歩着実に進んでみるのです。

新しい大地を踏みしめ続ければ、必ず自分の後ろにはたどった道ができます。
　そして、自分の目線の先にも、おのずとあたらしい道がひかり輝いていることでしょう。

なりたい
自分になる！
イメージ瞑想

瞑想時間を変身のチャンスに

　最後に、こんな自分に変わりたいなあ……という希望をイメージしながらおこなう瞑想をお伝えします。ここでは、瞑想しながら、あたらしい自分の世界をイメージしてみます。

　体の状態に応じて、あぐらの姿勢、仰向けで横たわった姿勢、椅子に座った姿勢、正座の姿勢、なんでもかまいません。無理のない姿勢でおこないましょう。自分がリラックスできて、心地いいと思う場所を見つけます。このとき、頑張ろうと、力まないことです。いい気分になって、胸があたたかくなるのを感じ、口角を上げて、微笑みます。

姿勢が整い、心が穏やかになったところで、静かに、目を閉じて瞑想に入ります。

　瞑想は基本的に鼻呼吸でおこないます。姿勢をなるべく保ったまま、呼吸に意識を集中させます。ここでは、丁寧に呼吸しながら、なりたい自分になったイメージをしてみましょう。

　やりたい仕事をやって活躍している自分、収入がアップしてプライベートも充実している自分、恋愛が成就している自分、結婚した自分、幸せな家庭を築いた自分、などなど、すでに願望が叶って幸せな気持ちで生きている自分のイメージをしましょう。

　ただ、表面的にイメージするのではなく、五感をフルに使って鳥肌がたつほど、叶っていることをリアルに感じ、感動しきるのです！そのぐらいの躍動感、リアリティがあることが大事です。

　ここで雑念が入ったら、もう一度呼吸に集中してみます。

　吸う息、吐く息の音、感覚、鼻の奥に流れる空気を味わい、自分の体が呼吸を通して命を奏でていくことを感じていきます。呼吸は深く、ゆっくりと。吸うときはお腹をしっかり膨らませて、吐くときは一気に吐かずに、ゆーっくりと静かに吐いていきます。

　雑念が出てきたら、いつでも自分の呼吸の音に耳を傾けるようにします。

　これを繰り返していきましょう。最初は5分程度でいいですが、5分でも、長く感じるかもしれません。その場合は3分でも。自分の心と相談しながらやってみましょう。

　慣れてくると、20分ぐらいでもあっという間に感じます。

　夜寝る前におこなうとイメージしたポジティブな波動のまま、眠りにつけるため効果的です。

　新月に切り替わった日も、願望達成に効果的です！ぜひ実行してみてください。

＊ちいさなひみつの種＊

じっと座って静かに呼吸する瞑想が苦手な人は、積極的に動きながらできる家事の瞑想、歩く瞑想を日常に取り入れてください。いつもの習慣が無駄なものではなく、貴重な時間に変わるはずです。こうなりたい自分像がある人は、イメージ瞑想で、あたらしい自分に近づいてみましょう！

太陽の浄化1日モデル

**Special
Ascension 2**

　もし、予定のない休日があったら、こんな風にとっておきに過ごしてみませんか？

　パートナーや家族と一緒におこなうと、より good ！

太陽の浄化の1日モデル
キーワード☆朝日・森林セラピー・キャンドルナイト

4:00　　起床　ふとんの中で軽く体を伸ばしてストレッチ。
　　　　カーテンを開けてシーツを綺麗にたたんで1日がスタート！

4:05　　舌磨き、歯磨き、うがい、顔を洗ってスッキリ。

4:10　　白湯を飲む、内臓をやさしく浄化します。

4:15　　セルフマッサージ、ヨガと瞑想、薄暗い場合はキャンドルを灯しても◎。
　　　　ヨガでは太陽礼拝を取り入れるとgood ！
　　　　体がしっかりと目覚めます。

5:00　　（それぞれの場所の日の出に合わせて）庭に出て、ご来光を拝みます。
　　　　しばし、朝日のエネルギーを全身に吸収します。
　　　　この時、裸足になって大地に直接立って、深呼吸すれば最高！

5:15　そのまま少し家の近所を散歩します、なるべく人気の
　　　ない静かな自然ある道を……。
　　　鳥のさえずりを聴きながら……。
　　　この時、歩く瞑想を取り入れると、よりクリアに！

5:45　玄関の掃除をします。
　　　綺麗に埃や砂を払い、靴もそろえて。
　　　清々しいスタートをします。
　　　トイレも綺麗に丁寧に磨きましょう。

6:00　朝ごはん、お味噌汁、梅入りおにぎりなど、手作りの
　　　ものを作って。
　　　この時、料理の瞑想と、食事の瞑想も取り入れて。
　　　家族と一緒にするのも◎。

7:00　おいしいコーヒーを淹れます。
　　　（お茶やほかの飲み物でもok）

7:30　ほっとできる場所でひといき！
　　　読書をするなり音楽を聴くなり……。
　　　家族が起きてきた場合はお話しして……。
　　　（浄化dayなのでTVはつけずに、スマートフォンもお
　　　休みさせましょう）

8:00 家の掃除をはじめます。家族が仕事や学校などに行く
場合はお見送りして……。
早速、洗濯の瞑想、掃除の瞑想を取り入れて、いい気
分で掃除しましょう！
草取りをする場合は草取り瞑想を取り入れて。
（掃除・草取り瞑想は月編参照）

10:00 少し、家事も落ち着いてきたころでしょうか……？
少しゆっくりしましょう。

10:30 お出かけするもよし、そのまま家でゆっくりくつろぐ
のもよし、その時々のタイミングで、したいことを素
直にします。
浄化dayなので、あえてTVはつけません。
スマートフォンも控えて。外側の情報より内側のイン
スピレーションを大事にします。

12:00 カフェやレストランでランチをする場合は、体にやさ
しい素材の料理を選びます。
その場所でとれた新鮮なお野菜や、ドレッシングなど
も手作りのもの、粗野な感じのしない、あたたかみの
あるお料理を頂くようにします。自宅で作る場合は、
今の自分に何が必要か体の声を聴いてから作るように
します。
作る時は、また料理の瞑想、そして頂く時は、また食

事の瞑想をおこないます。

13:00　お腹もふくれたところで、少し気分転換を。
　　　　その日の気分で動くのが一番ですが、ここでは、1日
　　　　のモデルとして、山に行ってみます！
　　　　電車やバスでも行けるような山へ行ってみましょう。
　　　　もし近隣に山がない場合は、森林公園、緑が多い町中
　　　　の公園でも構いません。
　　　　思い切って、森林浴をして、リフレッシュします！
　　　　木漏れ日のひかりをたっぷりと浴びて。
　　　　生まれ変わるような、イメージで！！！
　　　　ポジティブな気持ちを高めます。

17:00　できたら、そのまま夕日が沈むのを見届けましょう。
　　　　今日1日が安らかに終わっていくという時間を、情感
　　　　たっぷりに眺めます。
　　　　空の色の変化も、心に刻みます。

18:00　そのまま外でディナーを食べてもいいし、家で作って
　　　　もどちらでもいいです。
　　　　外で食べる場合も、自然に囲まれた景観の良い場所に
　　　　あるレストランなど、ムードを大事にすれば、心地よ
　　　　く過ごせます。食べ物も、そこにいる人も、やさし
　　　　く、調和されていることが大事です。
　　　　家でディナーをする場合は、家族と今日あったことを

話しながら、食卓をいい会話で囲みます。

ここで、あえて、電気を灯さずに、キャンドルのひかりだけで、食事してみましょう。

森にいる延長のような時間が楽しめますよ。

キャンドルのひかりは目にやさしく、心をあたためてくれます。

19:00　お風呂に入ったり、歯磨きしたり、おのおのくつろぎます。お風呂では、セルフマッサージをしながら、１日働いてくれた体をいたわりましょう。

丁寧に体を抱きしめるように洗います。

20:00　寝る前のヨガと瞑想に入ります。アロマキャンドルを灯したり、クラシックや自然音をかけながらすると、とても癒されます。

今日もいい１日だった、と感謝できます。

瞑想はイメージ瞑想であたらしい自分を感じます。

21:00　いい気分のまま、幸せな気持ちで就寝します。

スマートフォンは遠くにおいて。

　太陽や自然のエネルギーを取り入れ、１日を通して浄化することで、あなたの世界が前向きな波動に変わります。あなたも是非、お試しあれ！

さいごの浄化 ＊エピローグ＊

　さいごはとっておきの、楽しい浄化です！

　最近、おもしろかったことを思い出してみましょう。友人とのおしゃべりからでもいいし、子供との関わりのなかでもいいし、TVのお笑い番組からでも、自分のちいさな失敗でも、なんでもかまいません。なかなか思い出せないなぁという方は、幼いころまで記憶をたどって、笑っている自分を思い出しましょう。

　さあ、用意はいいですか？
　声を思いっきり出して、笑いましょう！！
　お腹の底から、お腹が痛くなるぐらい、笑い転げましょう！！
　涙が出るぐらいの勢いで、笑い転げましょう！！

　思うように笑えない、おもしろいことが見つからない？
　では、まず、笑い声を大きく出してみましょう！

　アーハッハッハ！！！
　アーハッハッハ！！！
　アーハッハッハ！！！

　これをずっと続けていくと、本当におもしろおかしくなってしまいます。
　笑いは伝染します。

わたしたちは、日々何気ないストレスをお腹の底に溜め込んでしまいがちです。

　悪感情、我慢の感情というものは「腹」に溜まります。

　その、溜まったものを全部吐き出すかのように、辛い時こそ、お腹の底から笑うこと。

　それが、最強の浄化法です！

笑顔は全世界の普遍的な共通語です。
笑顔こそ、愛の言葉です。
愛が伝えている言葉は、いつだって、この言葉です。

あなたを愛しています。

元友海歌 (げんゆう・みか)

読者に「人生の喜び」や「豊かさ」、「気づき」や「ぬくもり」を感じられる言葉を綴る「活字療法士」。

鑑定家として研究・活動しながら、遠隔からでも人を癒せることを目標として、「活字療法士」を標榜。
読む浄化、読む癒し、をテーマに執筆を続ける。

占い手としての活動では、新しい時代に沿った、自由な発想と柔軟性ある解釈で、算命学、占星術をベースに「愛ある鑑定」を目指している。鑑定数は1500人以上。

占いを盲信してもらうのではなく、「自己解決能力を高める」お手伝いが信条。
「自然な自分に戻っていくための」鑑定を心がけ、独創性を持った視点を大事にし、日々気付きを得る毎日を送っている。

ライフワークは、サーフィン、旅、ヨガ、音楽、創作活動。豊かな自然ある環境で得たインスピレーションを大事にしている。

ブログ、鑑定
https://ameblo.jp/mufeb/

占いサイト「breath」
https://breathinsidevoice.wixsite.com/deepbreath/

写真協力／©123RF

装丁／冨澤 崇（EBranch）

編集協力／横田和巳（光雅）

編集・本文design＆DTP ／小田実紀

校正協力／島貫順子・大江奈保子・あきやま貴子

クリアリング［浄化］大全　太陽編

初版 1 刷発行 ● 2020 年 8 月 21 日

著者
げんゆう み か
元友海歌

発行者
小田実紀

発行所
株式会社 Clover 出版
〒162-0843 東京都新宿区市谷田町3-6 THE GATE ICHIGAYA 10階　Tel.03（6279）1912　Fax.03（6279）1913
http://cloverpub.jp

印刷所
日経印刷株式会社
©Mika Genyu 2020, Printed in Japan
ISBN978-4-908033-88-9　C0011

本書の内容に関するお問い合わせは、info@cloverpub.jp宛にメールでお願い申し上げます